문해력 평정

천하통일
삼국지

❶ 세상을 위해 뭉친 삼 형제

**문해력 평정
천하통일
삼국지**

❶ 세상을 위해 뭉친 삼 형제

초판 1쇄 발행 2024년 7월 12일
초판 5쇄 발행 2025년 11월 11일

원작 | 나관중
글 | 서지원
그림 | 송진욱
펴낸이 | 한순 이희섭
펴낸곳 | (주)도서출판 나무생각
편집 | 양미애 백모란
디자인 | 박민선
마케팅 | 이재석
출판등록 | 1999년 8월 19일 제1999-000112호
주소 | 서울특별시 마포구 월드컵로 70-4(서교동) 1F
전화 | 02)334-3339, 3308, 3361
팩스 | 02)334-3318
이메일 | book@namubook.co.kr
홈페이지 | www.namubook.co.kr
블로그 | blog.naver.com/tree3339

ISBN 979-11-6218-305-2 74820
ISBN 979-11-6218-304-5 74820(세트)

값은 뒤표지에 있습니다.
잘못된 책은 바꿔 드립니다.

*종이에 베이거나 긁히지 않도록 조심하세요.
*책 모서리가 날카로우니 던지거나 떨어뜨리지 마세요. (사용연령: 8세 이상)
*KC마크는 이 제품이 공통안전기준에 적합하였음을 의미합니다.

나관중 원작 | 서지원 글 | 송진욱 그림

문해력 평정
천하통일 삼국지

❶ 세상을 위해 뭉친 삼 형제

머리말

누가 세상을 구할 것인가

천지현황 우주홍황(天地玄黃 宇宙洪荒)! 천자문의 첫 번째 구절이야.

하늘은 검고, 땅은 누르며, 우주는 넓고 거칠다는 뜻이지. 쉽게 말하면 하늘과 땅 사이는 넓고 커서 끝이 없다는 것이지. 1,500여 년 전, 중국 대륙에 살았던 사람들은 이렇게 믿었어. 중국 대륙이 세계의 중심이라고 생각한 그들은, 그들의 세계를 '천하'라 불렀지.

중국 대륙에는 수많은 나라가 세워졌다가 하나의 나라로 통일되고, 다시 여러 나라로 분열되었다가, 또다시 하나의 나라로 통일되는 역사가 반복됐어.

《삼국지》의 주요 배경이 되는 '한나라'는 중국 대륙, 그러니까 그들이 믿는 천하를 통일한 나라였어. 단 한 명의 황제가 천하의 모든 땅과 모든 사람을 지배했지.

하지만 400여 년 동안 이어지던 막강한 권력이 환관과 외척으로 인해 무너지자 한나라도 멸망의 길을 걸었어. 천하는 다시 혼란에 빠졌고, 도적이 판을 치고, 지방의 권력자인 호족들이 왕처럼 백성 위에 군림하게 되었지.

천하가 어지러워진 세상, 이것을 '난세(亂世)'라고 불러.

난세에는 영웅이 나타나지. 평화로울 때는 보이지 않던 영웅들이, 난세에는 진정한 능력을 드러내거든.

임진왜란 때 이순신 장군이 나타난 것처럼, 세상이 어지러울 때 나타난 영웅들은 세상을 구하려고 해. 그런데 모든 영웅이 정의로운 것은 아니야. 가짜 영웅, 거짓 영웅들도 있어.

겉으로는 정의롭고 백성을 위하는 척하지만 속으로는 자신의 이익을 탐하고, 권력에 욕심을 내 황제의 자리를 호시탐탐 노리지.

보통은 누가 진짜 영웅인지, 가짜 영웅인지 분간하기 어려워. 그래서 순박한 사람들은 자신이 영웅이라고 믿는 사람을 위해 목숨을 바치는 거야.

진짜 영웅과 가짜 영웅들의 싸움, 과연 누가 난세를 구하고, 천하를 통일해 평화를 가져올까? 이것이 60여 년 동안 이어지는 삼국지 영웅들의 전쟁 이야기야.

서지원

차례

머리말

제1장
복숭아나무
아래에서 한 맹세 9

제2장
황건적 토벌에 나선
삼 형제 31

제3장
야심이 큰 동탁 73

제4장
악인의 결탁 93

제5장
천하의 영웅호걸이 모이다 111

제6장
조운, 등장하다! 131

문해력 꼭꼭 142

제1장

복숭아나무 아래에서 한 맹세

　중국 한나라는 매우 크고 풍요로운 나라였어. 감히 누구도 함부로 공격하지 못할 정도로 강한 나라이기도 했지. 그래서 전한, 후한 400여 년 동안 중국을 지배해 왔어.
　하지만 빛나던 시절도 잠시, 한나라 황제들이 젊은 나이에 잇달아 세상을 뜨고 말았어. 제11대 황제 환제는 자식 없이 세상을 떠나 5촌 조카인 유굉이 열세 살 나이에 황제의 자리에 오르게 되었지. 이 사람이 후한의 제12대 황제 영제야.
　아무것도 모르는 어린 황제는 그저 환관들이 시키는 대로만 행동했어. 환관은 궁궐에서 황제를 위해 일하는 황실의 하인 같은 사람이야.
　"폐하, 오늘은 연못에 배를 띄우고 놀도록 하시지요."
　"치, 뱃놀이는 어제도 했잖아."
　"그럼, 잔치를 열까요? 광대들을 불러 모아 크게 잔치를 열지요."

"그거 좋은 생각이야!"

영제는 나랏일을 돌보기에는 너무 어리고 철이 없었어. 주인이 하인에게 조종당하는 꼴이었지. 환관들은 그런 영제 몰래 나라의 재산을 가로채 자신의 배를 불리는 데만 급급했어. 자신들에게 방해가 되는 신하들은 내쫓고 그 자리에 돈을 낸 사람들을 앉히기도 했어. 이렇게 나랏일을 제대로 돌볼 사람이 없으니, 백성들의 삶은 점점 힘들어졌지.

"요 몇 년 가뭄이 계속되더니 올해는 홍수 때문에 농사를 다 망쳤어."

"저 위쪽 지방은 큰 산이 무너져서 사람이 여럿 죽었대요."

"아래쪽 지방엔 하늘에서 주먹만 한 우박이 우수수 떨어졌다더군."

변덕스러운 날씨로 백성들은 농사도 제대로 지을 수가 없었어. 그런데 환관들과 돈으로 자리를 산 벼슬아치들은 자꾸 세금을 거둬들였지.

"세금을 낼 돈이 없으면 집에 있는 숟가락이라도 갖다 바치도록 해!"

"아이고, 힘들어서 못 살겠네!"

백성들은 힘들어 견딜 수가 없었어.

하지만 황제인 영제는 이 사실을 알지 못했어. 환관들이 황제의 눈과 귀를 가리고 있었기 때문이지.

"황제 폐하, 백성들이 모두 폐하께 감사하고 있습니다."

"무슨 일로?"

"그야 폐하께서 나라를 잘 다스려 주셔서 그런 것이지요!"

"그럼요. 백성들 모두 그 어느 때보다 배불리 먹고 지낸답니다."

영제는 환관들의 말만 믿고 흥청망청 놀기만 했어. 그 사이 환관과 썩은 벼슬아치들의 횡포는 더욱 심해졌지.

"우린 쫄쫄 굶고 있는데 저 벼슬아치들의 밥상 좀 보게."

"맞아. 고깃국에 기름진 음식이 몇 가지야! 에잇, 더는 못 참겠다!"

"관아를 공격하자!"

"자기들 배만 불리는 썩은 관리들의 집을 부숴 버리자고!"

참다못한 백성들은 굶어 죽을 바에야 도적이라도 되려고 했어.

서기 184년, 한나라 곳곳에서 도적이 되겠다는 백성들이 들불 번지듯 순식간에 늘었어. 도적 떼 가운데 가장 유명한 무리는 '황건적'이었어. 황건은 '누런 수건'이란 뜻이야. 머리에 누런 수건을 두르고 다녔거든.

처음에는 작은 도적 떼였던 황건적의 수는 점점 불어났어. 썩은 관리에게 땅과 곡식을 빼앗긴 백성들이 너도나도 도적이 되겠다며 찾아왔기 때문이야.

황건적 무리는 점차 나라의 군대 못지않게 커졌어. 황건적은 곳곳을

누비며 관청과 관리들을 공격했지. 뒤늦게 이 소식을 들은 한나라의 황제 영제는 덜컥 겁이 났어. 그래서 대장군 하진*을 불러들였지.

그러나 하진은 백성을 돌보는 일보다는 자기 조카인 유변을 새로운 황제로 만드는 일에 더 신경을 쓰는 인물이었어.

"대장군, 궁 밖에 황건적이라는 큰 도적 떼가 설친다는데 그 말이 사실이오?"

"예, 폐하."

"그, 그들이 도성까지 쳐들어와서 나를 공격하면 어찌하오? 이 황궁의 물건들을 훔쳐 가면 어찌하오?"

힘없는 황제는 바들바들 떨며 물었어.

"걱정하지 마십시오, 폐하. 제가 당장 군사를 일으켜 황건적을 물리치겠습니다."

"좋소, 나는 대장군만 믿겠소!"

그렇게 하진은 황제의 명령을 받고 궁궐 밖으로 나왔어.

하진은 당장이라도 황건적을 몽땅 없애 버리겠다고 큰소리를 떵떵 쳤지만, 그 말을 들은 부하 장수들의 표정은 어둡기 그지없었지.

"아니, 무엇 하는 것이냐! 당장 황건적의 소굴로 쳐들어갈 준비를 하여

★ 영제의 부인 하황후의 오빠. 원래 낙양 거리에서 푸줏간을 하는 상인이었다. 별다른 능력이 없는데도 여동생이 황후가 된 덕분에 대장군이라는 큰 벼슬을 얻었다. 하황후가 황자 유변을 낳은 후부터는 더 큰 권력을 얻게 되었다.

라!"

"대장군, 황건적에 비하면 우리 군사들의 수가 터무니없이 적습니다. 이대로라면 황건적에게 우리가 당할 수도 있습니다."

"뭐? 황건적의 세력이 그 정도로 크단 말이냐?"

사실 하진 대장군은 무예나 병법을 제대로 배운 장수가 아니었어. 환관들에게 큰돈을 주고 여동생을 황제의 부인이 되도록 한 덕분에 벼슬을 얻은 사람이었지. 그러니 한나라 군대의 상황을 제대로 알 수 없었던 거야.

"더 큰 문제는 많은 군사들이 황건적이 되겠다며 떠났다는 것입니다."

"그게 대체 무슨 말이냐!"

하진 대장군이 두 눈을 부릅뜨며 큰 소리로 물었어.

"군사들에게 지급되어야 할 녹봉이 벌써 몇 달째 지급되지 않았습니다. 그래서 군사들이 굶어 죽을 바에는 차라리 도적이 되겠다며 도망친 것입니다."

"허어!"

하진 대장군은 무릎을 치며 탄식했어. 나라의 앞일을 생각하면 앞이 캄캄해지는 것 같았지.

"도망친 군사들의 수가 총 몇이냐?"

"수백은 될 것입니다."

"흐음, 그렇다면 백성 중에 새로 군사를 뽑으면 되겠군! 여봐라, 당장 군사를 모집하라!"

하진은 황건적에게 맞설 군사를 모은다는 벽보를 붙이도록 했어. 그 벽보는 유주 지역의 탁군, 그중에 탁현이라는 도시, 그중에서도 누상촌이라는 작은 마을 입구에도 붙었지.

"엇, 군사를 모집한다고……?"

누상촌에서 홀어머니를 모시며 돗자리를 만들어 파는 청년 유비는 우연히 그 벽보를 보게 되었어. 유비는 비록 허름한 옷을 입고 있었지만, 어딘가 남다른 기품이 느껴지는 청년이었어. 생김새도 특이했지. 귀가 어깨에 닿을 정도로 길고, 팔도 두 손끝이 무릎에 닿을 정도로 길었거든. 무엇보다도 유비를 특별하게 만드는 건 눈이었어. 두 눈이 호수처럼 맑고 깊었지. 그 눈을 들여다보고 있으면 아무리 화가 나던 사람도 절로 마음이 차분해지는 듯했어.

주변 사람들은 잘 몰랐지만, 사실 유비는 평범한 백성이 아니었어. 그는 한나라(전한) 제6대 황제 경제의 아들, 중산정왕 유승의 피를 이어받은 후손이었어. 한마디로 한나라의 황족이었던 거야.

하지만 황제가 바뀌는 과정에서 유비의 조상은 억울하게 누명을 쓰고 벼슬을 잃게 되었지. 이 때문에 유비는 황족임을 드러내지도 못하고 탁현의 누상촌에서 돗자리를 짜며 가난하게 숨죽이며 지내야 했어.

유비는 군사를 모집한다는 벽보를 보고 생각했어.

'황건적이 요즘은 벼슬아치뿐만 아니라 백성들까지 괴롭히고 있어. 내

가 직접 나가 백성들을 위해 황건적을 뿌리 뽑고 싶다. 하지만 홀로 계신 어머니는 어떡하지?'

유비는 이런 고민을 하며 터덜터덜 길을 걸었어.

그때 저 멀리 누런 두건을 쓰고, 누런 깃발을 든 군사들이 우르르 몰려오는 것이 보였어. 바로 황건적이었지.

"이놈, 가진 것을 모두 내놓아라! 그럼 목숨만은 살려 주지!"

황건적이 유비에게 칼을 들이대며 말했어.

"저, 저는 가난한 돗자리 장수입니다. 제가 무슨 돈이 있겠습니까?"

황건적은 유비의 봇짐을 빼앗아 뒤지기 시작했어. 그러자 엽전 몇 닢이 나왔어.

"가진 게 없다고? 이건 무엇이냐!"

"아, 안 됩니다. 이것은 홀로 계신 어머니께 드릴 차를 사야 하는 돈입니다!"

유비가 매달렸지만 황건적은 아랑곳하지 않았어.

"이것밖에 없어? 야, 저놈을 붙잡아 노예로 팔아 버리자."

"그거 좋은 생각이군!"

황건적은 밧줄로 유비를 꽁꽁 묶은 다음에 어디론가 끌고 갔어. 도착한 곳은 황건적이 모여 있는 도둑 떼 소굴이었지.

'호랑이 굴에 들어가도 정신만 차리면 살아날 방법이 있다! 침착하자!'

유비는 황건적 몰래 바위에 밧줄을 비벼 끊기 시작했어.

쓱쓱싹싹!

한참 동안 밧줄을 비벼 간신히 끊어 내고 유비는 황건적들이 꾸벅꾸벅 조는 틈에 도망칠 수 있었어. 겨우 집으로 돌아온 유비는 허탈한 마음이 들었어.

'이대로는 안 되겠어. 황건적을 막을 수 있다면 나의 작은 힘이라도 보태야 해!'

이렇게 결심한 유비는 어머니에게 자신의 생각을 전했어. 그러자 어머니가 인자한 미소를 지으며 이렇게 말했지.

"애야, 이 어미 걱정은 하지 말고 네 뜻을 펼치도록 하여라."

어머니는 깊이 숨겨 두었던 칼 한 자루를 꺼냈어.

"이 검은 우리 집안 대대로 내려오는 보검이란다. 너는 황실의 피를 이어받았어! 이 보검이 네가 황제의 후예라는 증거가 될 것이야. 이 검을 갖고 가거라."

유비가 칼을 뽑자 파란빛이 흘러나왔어. 마치 유비의 단단한 결심을 나타내는 기운 같았지. 그렇게 유비는 칼을 품은 채 조만간 대장군 하진을 찾아가기로 결심했어.

"돗자리 사십시오. 좋은 돗자리 팝니다!"

다음 날, 돗자리를 팔러 나갔던 유비는 마을로 쳐들어와 행패를 부리던 황건적을 또 만나게 되었어. 그런데 열 명도 넘는 황건적을 닥아선 사

람이 있었어.

"못돼 먹은 녀석들, 잘 걸렸다! 이놈들아, 혼쭐을 내 주마."

그 사람은 덩치는 소만 하고, 얼굴의 절반은 검은 수염으로 뒤덮여 있었지. 두 눈은 맹수처럼 부리부리해서 쳐다보기만 해도 기가 죽을 것 같았고, 목소리는 마치 호랑이처럼 우렁차고 기운이 넘쳤어.

"으아악!"

10여 명의 황건적이 눈 깜짝할 사이에 쓰러졌어.

"으, 보통 녀석이 아니다. 두고 보자."

황건적들은 겁을 집어먹고 도망쳤지.

"으하하하!"

그 사람은 목젖이 보일 정도로 크게 웃었어. 그러자 마을 사람들이 기뻐하며 "장비 만세!" 하고 외쳤지.

'장비? 저 사람의 이름인 걸까? 의협심도 대단하고, 그만큼 엄청난 힘과 실력을 갖춘 자다.'

놀란 눈으로 구경하던 유비에게 그 사람이 다가와 말을 걸었어.

"말 좀 물읍시다! 황건적에게 맞설 군사를 모은다는 벽보를 봤는데, 하진 대장군을 만나려면 어디로 가야 하오?"

유비는 커다란 바위를 올려다보는 것 같았지.

"황건적을 무찌르는 군사가 되려고 하시오?"

유비가 묻자, 그 사람은 가슴을 쿵쿵 내리치며 대답했어.

"나는 장비라고 하오. 자*는 익덕이오. 돼지를 잡아 고기를 파는 일을 하고 있는데, 힘쓰는 것이라면 누구보다 자신이 있소. 이 힘으로 황건적을 몽땅 때려잡을 것이오!"

"돼지를 잡는다면 백정이겠군요. 무예를 배운 적은 없소?"

"그런 걸 꼭 배워야 하나? 이 몸은 맨손으로 멧돼지도 거뜬히 때려잡을 수 있소."

유비는 그 모습을 보고 좋은 생각이 떠올랐어.

"나는 유비라고 하오. 나도 하진 대장군을 찾아가려고 했는데 마침 잘되었구려."

그날 저녁, 유비는 장비를 집으로 데려갔어.

유비의 어머니가 조촐한 밥상을 들고 들어왔지.

"차린 것이 변변치 못한데……."

"아이고, 그런 말씀 마십시오! 저 같은 백정도 이리 대접해 주시니 몸 둘 바를 모르겠습니다."

장비는 유비의 어머니에게 예의를 갖추며 말했어.

"차린 건 없지만, 어서 드시오."

유비가 장비에게 식사를 권했어. 그러면서 마음속에 있던 말을 꺼냈지.

★ 이름 대신 부르는 호칭. 이름을 함부로 부르면 예의가 없다고 여겨 상대방을 존중할 때 '자'를 부른다. 유비는 '현덕', 관우는 '운장', 장비는 '익덕'을 자로 썼다.

"나는 사실 한나라 황실의 종친이오."

"당신이 황족이란 말입니까?"

유비는 어머니가 준 보검을 꺼냈어. 장비는 감탄을 터트렸지.

"괜찮다면 당신과 함께 작은 규모의 의병을 만들어 하진 대장군을 찾아가고 싶소. 어떠시오?"

유비의 말에 장비가 두 눈을 끔뻑였어.

"의병을 만들자고요? 우리가?"

"그렇소. 이대로 우리 둘만 찾아가면 우리 실력을 제대로 보여 줄 수가 없을 것이오."

"하기는, 윗분들은 실력보단 신분을 먼저 따지니까."

"그러니 의병을 만들어서 찾아가면 능력을 인정받을 것입니다."

유비의 말에 장비도 고개를 끄덕였지.

숟가락을 들다 말고 장비가 솥을 가리키며 불쑥 이런 말을 꺼냈어.

"솥도 발이 세 개가 있어야 튼튼하게 서는 법 아니겠습니까? 뜻을 함께할 사람도 셋이면 더 좋지 않겠소?"

"그거 좋은 생각이오."

유비가 고개를 끄덕이자, 장비는 당장 새로운 사람을 데려오겠다며 자리에서 일어섰어.

"어허. 지금 당장 가겠단 것이오? 밥부터 먹고……."

"아니 쇠뿔도 단김에 빼라고 하지 않습니까?"

장비는 성미가 급한지 부리나케 달려갔어.

얼마 후, 장비가 웬 낯선 사나이를 데리고 돌아왔어. 유비는 그 사람을 보자마자 눈이 휘둥그레졌어. 얼마나 키가 큰지 천장에 닿을 정도였거든.

키는 9척(약 2m)은 족히 되어 보였고, 수염이 허리까지 내려올 정도로 길었지. 얼굴은 대추처럼 붉었고, 눈썹이 얼마나 짙은지 귀신도 두려워서 숨어 버릴 것만 같았어.

'허억, 보통 인물이 아니구나!'

"형님, 이리 와서 인사하쇼."

장비가 자신이 데려온 남자를 유비에게 소개했어.

"형님, 이쪽은 유비라는 분인데 한나라 황족이라지 뭐요."

유비가 깍듯하게 예의를 갖추어 인사했어. 남자도 자신을 소개했지.

"저는 관우라고 합니다. 자는 운장으로 씁니다."

관우의 목소리를 들은 유비는 그가 예사로운 인물이 아니라는 걸 다시 확신할 수 있었어. 그건 관우도 마찬가지였지. 예의 바른 유비의 행동 하나하나가 범상치 않았던 거야.

관우는 아이들을 가르치는 훈장 선생님이라고 했어.

'저런 모습으로 아이들을 가르치면 눈짓만 해도 아이들이 말을 잘 듣겠군.'

유비는 관우에게 물었어.

"우리가 의병을 만들면 함께하시겠습니까?"

유비의 말에 관우가 되물었어.

"그런데 왜 하필 의병을 만들겠다고 하는 겁니까?"

"도적들이 나라를 엉망으로 만들고 있는데 가만히 있으면 어찌 사내대장부라 하겠습니까? 나 혼자였다면 무슨 일을 할 엄두를 내지 못했겠지만, 하늘이 우리 세 사람을 만나게 해 주었으니, 큰일을 할 수 있을 것 같습니다."

유비의 말에 신이 난 장비가 끼어들었어.

"맞습니다. 우리 세 사람이라면 무엇이든 할 수 있지요. 암, 그렇고말고요!"

장비는 유비와 관우에게 이 자리에서 뜻을 맹세하자고 말했어.

"네가 우리 중에 나이가 제일 어리니 형님들에게 예의를 갖추는 게 좋겠다."

관우는 장비에게 눈치를 주었어.

그러고는 유비에게 이렇게 말했지.

"옳은 말씀입니다. 혼자보다 여럿이 힘을 합치는 것이 백번 나을 것입니다."

"형님들, 말이 나온 김에 지금 당장 의형제가 되겠다고 맹세를 합시다!"

성미 급한 장비가 또 끼어들었지.

"당신의 눈을 보니 보통 인물이 아니라는 걸 알겠습니다. 참으로 사람을 끌어당기는 힘이 있습니다."

관우가 유비를 보며 말했어.

"사람을 끌어당기는 힘이요?"

장비가 고개를 갸웃하더니, 이내 무슨 뜻인지 알 것 같다며 끄덕였어.

"나이는 제가 더 많지만 앞으로 형님으로 모시겠습니다."

관우가 고개를 숙였어.

"저도 형님 뜻에 따르겠습니다."

장비도 함께 고개를 숙였지.

"내겐 힘이 없지만, 두 분이 나를 도와준다면 힘을 내보겠소! 우리 함께 위기에 처한 나라를 구해 봅시다!"

세 사람은 손을 맞잡았어.

"마침 우리 집 뒤뜰 복숭아밭에 꽃이 활짝 피어 있더군요. 그곳이라면 우리 세 사람의 뜻을 하늘에 고하기에 충분한 장소이니, 내일 아침에 제사를 지내도록 합시다."

유비의 말을 들은 장비와 관우는 함께 고개를 끄덕였어.

이튿날 아침, 날이 밝자마자 장비는 복숭아나무 아래에 제사를 지낼 상을 준비했어. 유비는 자신이 만든 돗자리를 바닥에 깔았지.

"향은 제가 올리겠습니다."

관우가 향을 피워 제사상 위에 올렸어.

"오늘부터 유비, 관우, 장비 세 사람이 형제가 되었음을 하늘에 고합니다. 비록 성은 다르지만, 형제가 되어 힘을 합해 어지러운 세상을 바로잡고 고통받는 백성들을 위해 힘쓰겠습니다."★

유비는 이렇게 말한 다음 제사상에 술을 올렸어.

"우리 세 사람, 비록 한날한시에 태어난 건 아니지만 죽는 것은 같은 날이기를 바랍니다. 천지신명이시어, 우리가 서로 배반하지 않고 은혜를 저버리지 않도록 굽어 살피소서."

유비의 말에 관우와 장비가 칼을 꺼내 들었어. 유비도 품고 있던 집안의 보물인 칼을 빼 들었지.

챙! 칼끝이 서로 부딪히며 맑은 소리를 냈어.

순간, 아침 햇빛이 칼날에 부딪혀 반짝반짝 빛을 냈지. 바람이 불어와 복숭아나무 가지를 흔들었어. 꽃잎이 마치 눈송이처럼 우수수 떨어져 내렸지. 마치 하늘이 의형제의 맹세를 축복하는 듯했어. 유비와 관우, 장비는 바람에 흔들리는 복숭아나무 가지를 가만히 바라보았어.

"형님들, 우리 셋이 힘을 합치면 황건적을 몽땅 때려잡을 수 있을 겁니다! 이놈의 도적들아, 우리가 간다! 기다려라! 으하하하!"

장비가 쩌렁쩌렁 고함을 쳤어.

그 모습을 본 유비와 관우도 빙그레 미소를 지었지.

★ 복숭아밭에서 형제의 의리를 맺었다는 뜻에서 '도원결의'라는 말이 생겨났다.

제2장

황건적 토벌에 나선 삼 형제

유비와 관우, 장비는 마을 곳곳에 방을 붙였어.

우리와 함께 황건적을 무찌를 의병을 찾습니다!
더 이상 황건적의 횡포에 괴로워하고 두려워해서는 안 됩니다.
우리 모두 힘을 합쳐 그들을 무찌릅시다!

삼 형제와 뜻을 함께하고 싶다는 청년들이 순식간에 500여 명이나 모여들었어.

"저를 받아 주십시오! 부모님이 황건적에게 목숨을 잃었습니다!"

"황건적 놈들이 제 형을 잡아갔습니다!"

청년들은 당장이라도 황건적과 싸우고 싶다고 외쳤어.

"황건적을 무찌르자!"

"이 땅에서 도적 떼를 몰아내자!"

장비는 청년들의 사기가 하늘을 찌를 듯 높다며 뿌듯해했어. 하지만 관우의 표정은 밝지 못했어.

"형님, 저들은 싸움터에 나가 본 적 없고 평상 땅만 일구던 백성들입니다. 더군다나 지금 우리에겐 변변한 무기조차 없습니다. 이런 상태에서 어떻게 황건적과 맞서겠습니까?"

그 말이 끝나기도 전에 성미 급한 장비가 끼어들었어.

"듣고 보니 그 말이 맞는 것 같소. 아무래도 저 조무래기들을 데리고 싸우는 건 무리겠지요?"

그러자 유비는 엄한 표정으로 관우와 장비에게 말했어.

"어허, 말을 함부로 하지 마라. 저들은 우리에게 힘을 보태 주러 온 귀한 분들이다. 백지장도 맞들면 낫다고 하지 않더냐. 틀림없이 저들이 우리에게 큰 도움이 될 것이다."

"하지만 무기도 쓸 줄 모르는 사람들을 데리고 무슨 전투를 한단 말입니까?"

관우가 걱정스럽게 물었어.

"저 많은 사람을 먹이는 데만 해도 돈이 엄청나게 들겠구먼. 무기는 둘째치고 저들을 먹일 식량조차 없으니 이 일을 어쩐담!"

장비도 머리를 긁적이며 난처해했어.

"걱정하지 마라. 내게 다 생각이 있다."

사실 유비에게는 계획이 있었지. 500여 명의 청년을 이끌고 유주를 다스리는 태수 유언을 찾아갈 생각이었어. 유언은 유비의 먼 친척 어른이었거든. 유비는 유언에게 도움을 청해 무기를 얻고 군사 훈련도 할 계획이었던 거야.

"형님, 유주에서 우리를 받아 줄까요?"

"유주 태수도 황실 종친이다. 가까운 친척은 아니지만……. 지금 유주의 군사들은 황건적과 맞서느라 지칠 대로 지친 상태지. 그러니 작은 힘이라도 보태겠다고 찾아가면 무척 반가워할 거다."

유비의 말은 딱 들어맞았어.

유비가 의병을 이끌고 유주성에 도착하자, 유언은 고마워 어쩔 줄 몰랐어.

"잘 왔네! 안 그래도 지금 황건적이 대흥산 쪽으로 오고 있다는 소식에 걱정하는 터였네."

"대흥산은 유주성의 코앞이지 않습니까?"

"무슨 수를 써서라도 대흥산을 반드시 지켜야만 하네."

태수 유언의 말에 유비가 다시 물었어.

"황건적의 수는 얼마나 됩니까?"

"5만 명은 족히 될 걸세. 내일이라도 당장 쳐들어올지 모르네."

"5만 명이나 된다고요?"

천둥이 울리고 비가 폭포처럼 쏟아지는 날이었어. 유주 태수 유언은 대흥산을 향해 출격할 것을 명령했어.

"숙부님, 저희가 제일 앞에서 싸울 수 있도록 선봉을 맡겨 주십시오."

유비의 말에 태수 유언은 고마워했어.

"오오, 그렇게만 해 준다면 무엇이든 다 도와주겠네."

유비는 유언에게 500여 명의 의병들이 먹을 식량과 싸울 무기가 필요하다고 말했어.

유언은 기꺼이 유비의 청을 들어주었지. 그 덕분에 유비, 관우, 장비와 뜻을 함께하기로 한 의병들은 번듯한 무기를 갖출 수 있게 되었어.

"이야, 이거야말로 손 안 대고 코를 푸는 것이로구나!"

신이 난 장비가 히죽히죽 웃으며 좋아했어.

"너는 지금 사람들에게 소문을 퍼트려라."

"무슨 소문요?"

"유비가 군사 500명을 이끌고 황건적을 토벌하러 간다는 사실을 알리는 것이다."

"엥? 그러면 황건적이 우리가 공격할 거라는 사실을 미리 알게 되지 않습니까?"

"그러라고 소문을 내는 거야."

"으흠? 무슨 계획이 그렇습니까?"

관우가 물었어.

"이유는 묻지 말고 우선 내가 시킨 대로 하거라. 황건적 대장은 목을 내놓고 기다리고 있으라 하고."

유비의 말에 따라 장비는 소문을 내기 시작했어.

소문은 삽시간에 퍼져 황건적 대장의 귀에도 들어갔지.

"푸하하하! 유비라는 돗자리 장수 녀석이 우리를 막겠다며 의병 500명을 끌고 오는 중이라고?"

"예, 그렇습니다! 더욱 황당한 건 유비가 대장님의 목을 벨 것이라고 자신만만하게 떠들고 다닌답니다."

"하룻강아지 범 무서운 줄 모른다더니, 돗자리 장수가 황건적 대장을 무서워하지 않는구나. 수는 셀 줄 안다더냐? 우리 황건적의 숫자가 무려 5만이다. 그런데 겨우 500명으로 치겠다고? 그것도 한 번도 싸워 본 적 없는 농사꾼들을 모아서?"

"그러게나 말입니다. 괭이질이나 했지 칼을 들어보기나 했을까요? 겁을 잃어버린 놈들 같습니다."

"크크크. 유비라는 놈, 이곳 대흥산이 네놈들의 무덤이 되게 만들어 주마."

황건적 대장은 두 눈을 번뜩이며 칼을 닦았어.

얼마 후, 유비와 관우, 장비 그리고 그들을 따르던 의병들이 대흥산에 도착했어. 대흥산은 숲이 몹시 깊고 우거진 곳이었지. 산으로 들어가려

다 말고 관우가 멈칫거렸어.

"형님, 숲에 황건적이 숨어 있는 것 같습니다."

"운장 형님도 적들의 낌새를 눈치챈 것이오? 나도 방금 수상한 기척을 느꼈소!"

장비와 관우 말대로, 황건적은 산기슭에 몰래 숨어 유비 군사가 나타나기만을 기다리고 있었어. 장비가 유비 곁으로 바짝 붙어 서며 물었어.

"형님, 이대로 가도 되는 겁니까? 적의 수가 무려 5만이나 된다는데 무슨 계책 같은 걸 세워 두어야 하는 거 아닐까요?"

"익덕! 운장! 첫 싸움의 작전을 알려 주겠다."

"예, 형님."

"황건적 대장은 우리가 낸 소문을 듣고 지금쯤 나를 죽이려고 안달이 나 있을 것이다. 내가 자기를 얕본다고 사방팔방 떠들어 댔으니 더욱 약이 오르겠지."

유비는 황건적 대장이 틀림없이 자기를 제일 먼저 공격하려고 달려올 것으로 예측했어.

"내가 놈을 유인할 테니 너희가 그곳에 숨어 있다가 대장의 목을 베어라. 잊지 마라. 기회는 단 한 번뿐이다."

유비는 관우와 장비에게 작전을 지시하고는 일부러 혼자 말을 타고 저만치 앞서갔어. 스스로 미끼가 된 거야. 유비가 가진 무기라고는 겨우 칼 한 자루가 전부였으니 위험천만한 일이었지.

하지만 유비의 예측은 딱 들어맞았어.

수풀 속에서 그 모습을 지켜보던 황건적 대장은 이를 바득바득 갈았지.

"에잇, 저놈이 나를 얼마나 우습게 여겼으면 저렇게 당당히 제일 앞에서 걸어온단 말이냐! 내 손으로 저놈의 목을 베어 버리겠다!"

황건적 대장은 말에 올라 칼을 뽑아 들고 혼자 있는 유비를 쫓기 시작했어.

'오호라, 드디어 걸려들었구나! 이랴, 달려라!'

유비는 관우, 장비와 미리 약속한 숲속으로 도망치기 시작했지.

"게 섰거라! 비겁하게 도망치는 것이냐?"

유비를 쫓던 황건적 대장이 소리를 내질렀어. 하지만 유비는 아무런 대꾸도 하지 않고 더욱 깊은 숲속으로 말을 돌았지.

"이 건방진 놈! 내 돈을 가져간다더니 어디로 도망치느냐?"

황건적 대장이 유비를 바짝 뒤쫓았을 때, 도망가던 유비가 갑자기 말을 멈춰 세웠어.

"크크크, 유비라고 했느냐? 넌 이제 독 안에 든 쥐다! 내 칼을 받아라! 어젯밤부터 갈고 있었다!"

황건적 대장이 칼을 빼 들고 유비를 공격하려 할 때였어. 갑자기 수풀 속에서 장비가 나타났어.

"이놈, 감히 우리 형님을 죽이려 하다니. 이 장비가 네게 매운맛을 보여 주마!"

장비는 커다란 창을 휘두르며 황건적 대장을 공격했어.

"여봐라! 저놈을 공격…… 응? 아무도 없어?"

당황한 황건적 대장은 뒤를 돌아보며 소리쳤지만, 주위에는 아무도 없었어. 유비를 쫓겠다는 생각으로 혼자 너무 깊은 숲속까지 달려와 버린 탓이었지. 그제야 함정이라는 것을 알았어.

"이, 이놈! 나를 유인하려고 일부러 여기까지 도망친 것이냐?"

"이제 알았느냐? 생각대로 속아 줘서 고맙다."

유비가 비웃었어. 이때를 놓칠세라 장비가 창을 휘두르며 외쳤어.

"이 도적놈아! 우리 형님은 그만큼 지략이 대단하신 분이라고!"

장비의 창에서 공기가 갈라지며 휙휙 무서운 소리가 났어.

"이, 일단 지금은 물러서마! 무서워서 도망가는 게 아니다."

황건적 대장은 서둘러 도망치려 했어. 유비를 죽이고 싶어 쫓아왔지만 혼자 힘으로는 장비를 상대하기 벅차다는 사실을 깨달은 거지. 황건적 대장이 말을 타고 달리기 시작하자 장비가 창을 던졌어.

"받아랏!"

장비가 던진 창이 황건적 대장의 등에 꽂혔어.

"으윽!"

황건적 대장은 그 자리에서 죽고 말았어. 이 모든 게 눈 깜짝할 사이에 일어난 일이야.

"죽은 대장의 시신을 적들에게 보여라. 대장이 죽은 걸 알면 적들은 우왕좌왕하기 시작할 것이다. 그 순간 운장에게 일러 바로 적들을 공격하도록 해라."

"예, 알겠습니다."

장비는 유비가 시킨 대로 죽은 황건적 대장을 수레에 싣고 황건적들이 있는 곳으로 달려갔어.

"앗! 우리 대장님이 유비한테 당하다니!"

대장이 죽었다는 사실을 알게 된 황건적들은 어떻게 해야 할지 몰라 중심을 잃고 우왕좌왕하기 시작했어.

"500명밖에 안 된다더니 엄청나게 센 놈들인가 봐. 대장도 당했는데 우리가 저들을 당해 낼 수 있을까?"

"다, 달아나자!"

황건적은 어디로 도망쳐야 할지 몰라 갈팡질팡했어.

바로 그 순간!

관우가 청룡언월도를 휘두르며 나타나 공격을 시작했어.

슈슈슈슈슉!

관우의 칼이 지나가는 자리마다 적들이 낙엽처럼 힘없이 쓰러졌어. 그 모습을 본 의병들은 함성을 질렀지.

"황건적 놈들, 머릿수만 많았지 별것 아니군!"

"저놈들을 모조리 붙잡자!"

"우리 부모의 원수를 갚겠다!"

"이 도둑놈들아!"

관우의 모습에 용기를 얻은 의병들은 괭이질을 하던 솜씨로 황건적을 공격하기 시작했어.

"돌격하라!"

"황건적 살려!"

멀리서 지켜보던 유주의 장수들은 감탄을 터트렸어.

"농사꾼들이라더니 저렇게 잘 싸울 수가! 이제 적은 궁지에 몰렸다! 우리도 힘을 보태자!"

유주의 군사들마저 같이 공격하자 황건적은 속수무책으로 무너졌지. 그렇게 싸움은 유비의 승리로 끝이 났어.

유비의 나이 스물셋. 첫 싸움을 이렇게 멋지게 승리한 거야.

"오오, 정말 대단하구나! 제대로 훈련받지도 못한 농민 의병 500명으로 5만 명이 넘는 황건적을 무찌르다니!"

유비의 군사가 큰 승리를 거두었다는 소식을 들은 유언은 맨발로 달려

나왔어. 유비는 공손히 머리를 숙였어.

"숙부님, 부탁이 하나 있습니다."

"그래, 무엇이냐? 무엇이든 들어주마!"

유언이 들뜬 목소리로 물었어.

"당분간 저와 아우들 그리고 저를 믿고 모인 의병들이 훈련할 수 있는 장소와 먹을 것을 내주십시오."

유비는 농민 의병들을 정예병으로 만들려고 했어.

"그래, 그쯤이야 얼마든지 해 줄 수 있지!"

이렇게 해서 유비는 자신을 믿고 따르는 의병들을 정예병으로 훈련시킬 수 있게 되었어.

황건적을 크게 무찌른 장비는 목에 빳빳하게 힘이 들어갔어.

"우리 셋이 의형제가 된 건 정말 잘한 일이오! 이렇게까지 통쾌한 전투는 처음이었소. 이제 황건적 놈들은 아무것도 아니라는 걸 알았소. 놈들 100만 명이 몰려와도 겁낼 것 없다 이 말씀이지!"

그런 장비를 향해 유비가 차분하게 타일렀어.

"비록 큰 승리를 거두긴 했으나 이번엔 운이 좋았다. 군사들이 자만하지 않도록 다스리고 훈련에 매진해서 정예병으로 만들어야 한다."

"형님도 참! 무슨 걱정이오, 이 몸이 황건적 대장을 해치웠잖소."

유비의 말을 들은 관우가 고개를 끄덕이며 입을 열었어.

"그건 네 실력이 뛰어나서가 아니라 형님의 계책 덕분이었어."

"에이 참! 형님들은 지나치게 겁이 많은 게 문제요. 이 장비만 믿으시오! 황건적 대장을 해치운 것처럼 다른 황건적들도 싹 다 없애 줄 테니!"

유비는 이럴 때일수록 신중해야 한다고 타일렀지만, 장비는 자신감이 넘쳐흘렀어.

유비와 관우, 장비가 의병들과 함께 훈련을 거듭하던 어느 날이야. 유주 태수 유언이 급히 유비를 불렀어. 황건적들이 다시 모여 청주성을 공격하려 한다는 거야. 청주성에서 얼마 전에 대흥산에서 큰 승리를 거둔 유주에 도움을 청해 왔다고 했어.

그 말을 유비에게 전해 들은 장비는 의병 500명으로도 큰 승리를 거두었으니 군사가 더 있다면 더 큰 승리를 거둘 수 있다고 자신만만했어.

"이번에도 나한테 맡기쇼! 군사 2천 명만 내주면 내가 더욱 큰 승리를 거둬 오겠소."

"한번 믿어 보지."

유비는 유언에게 군사를 얻어 장비에게 맡겼어. 하지만 전투는 장비 뜻대로 되지 않았지. 장비는 유언의 군사 2천 명을 모두 잃고 간신히 도망쳐서 돌아왔어. 겨우 목숨을 건진 장비는 차마 유비와 관우를 볼 낯이 없었어.

"아이고, 형님. 내가 날뛰다가 그만…… 죽을죄를 지었소."

장비는 유비 앞에 무릎을 꿇고 울먹거렸어. 그 모습을 본 유비는 장비

의 어깨를 다독여 주었어.

"네 탓이 아니다. 더 대비해 주지 못한 내 탓이지."

"형님!"

장비는 눈물을 흘리며 이마를 바닥에 푹 처박았어.

"황건적은 대흥산 전투에서 퍼한 뒤로 잔뜩 독이 올라 있었을 거다. 우리가 더 철저하게 대비를 해야 했어."

"크흑, 형님. 저 장비, 앞으로 무슨 일이 있어도 형님의 말만 듣겠습니다. 절대 함부로 날뛰지 않겠습니다."

장비의 말을 듣고 관우가 나섰어.

"형님, 지금 우리 군사들은 훈련이 덜 된 상태입니다. 그런데 적들이 총공격을 해 온다면 막기 힘들 것입니다."

"그래, 맞는 말이다. 우리는 군사도 적은 데다 아직 적에게 맞서기에 부족해. 하지만 이길 방법은 있지. 놈들을 기습적으로 공격하면 된다."

"기습이라고요?"

유비는 남은 군사의 수가 얼마나 되느냐고 물었어.

"우리가 데리고 갈 수 있는 군사는 3천 명쯤 됩니다."

유비는 지도를 펼쳐 놓고 작전을 지시했어.

"익덕은 1천 명을 이끌고 저쪽 언덕으로 가고, 운장은 1천 명을 이끌고 이쪽 산기슭으로 가서 숨어 기다린다."

"형님은 어쩌시려고요?"

"나는 나머지 군사 1천 명을 이끌고 황건적들이 진을 친 청주성 부근으로 가겠다."

"예?"

"놈들은 지금 나를 죽이고 싶어 안달이 나 있을 것이다. 내가 성 앞으로 가면 놈들이 나를 쫓아 우르르 달려 나오겠지. 그러면 나는 군사들을 데리고 도망쳐 너희가 숨어 있는 곳으로 가겠다."

"그때 우리가 돌격하면 된다는 말씀이죠?"

"그래, 그렇지."

유비의 작전을 들은 관우와 장비는 다시 한번 각오를 다졌어.

유비가 군사를 이끌고 청주성 부근에 다다랐어.

"오합지졸 농사꾼들을 끌고 죽으려고 왔네?"

유비의 예상대로 황건적들은 유비 군을 만만하게 보고 우르르 공격하기 시작했지.

"유비를 살려 두지 마라!"

"유비의 목을 가져오는 자에게는 후한 상을 내리겠다!"

"와아아아아!"

황건적은 유비를 붙잡으려고 곧장 몰려들었어. 유비는 일부러 놀란 척 허둥지둥했어. 병사들도 미리 약속한 대로 우왕좌왕하는 척했지. 그 모습을 본 황건적은 유비와 군사들이 겁을 먹은 것으로 착각했어.

"하하하, 놈들이 무서워서 벌벌 떠는군!"

황건적은 마음 놓고 유비를 쫓기 시작했어.

"모두 뿔뿔이 흩어져라! 도망쳐!"

유비는 군사들에게 일부러 정신없이 도망치라고 말해 두었지. 그 때문에 황건적은 유비가 자신들을 유인하고 있다는 걸 꿈에도 눈치채지 못했어.

"다른 조무래기들은 내버려두고 유비만 쫓아라!"

"유비의 목을 베어야 한다!"

황건적들이 유비를 거의 추격해 왔을 때야. 한참 드망치던 유비가 갑자기 말을 멈췄어. 그 순간, 우왕좌왕하며 흩어졌던 유비의 군사들도 일제히 유비 주변으로 모여들었지.

"저놈들이 갑자기 왜 저러는 거지?"

"대체 뭘 믿고 저렇게 당당하게 구는 거야?"

유비와 군사들의 행동에 황건적은 멈칫했어. 그때였어. 양쪽 언덕에 숨어 있던 관우의 군사 1천 명과 장비의 군사 1천 명이 일제히 함성을 지르며 나타났어.

"우와아아아! 돌격하라!"

"도둑놈들에게 의병의 매운맛을 보여 주자!"

관우와 장비가 이끄는 군사들이 갑자기 튀어나오자, 황건적들은 어떻게 해야 할지 몰라 갈팡질팡했어.

"우리가 속았다!"

　그 사이 관우와 장비가 무서운 기세로 적을 공격하기 시작했어. 관우의 청룡언월도가 지나가는 자리마다 황건적들의 목이 우수수 떨어졌고, 장비의 장팔사모가 휙휙 소리를 내며 휘둘릴 때마다 황건적들이 바닥에 뒹굴었어.

　"정신 차려라! 저놈들은 고작 3천 명도 안 되는 군사들이다!"

　"싸워라! 창과 칼을 뽑아 들고 싸워!"

　청주성 앞을 지키고 있던 황건적의 또 다른 대장이 펄펄 뛰었어. 하지

만 황건적은 관우와 장비의 실력에 이미 겁을 먹고 말았지.

전투에서는 사기가 중요해. 한번 공포에 사로잡혀서 사기가 꺾이면 싸울 의지가 사라져 버리거든. 결국 황건적들은 슬금슬금 뒷걸음치며 모래알처럼 흩어지고 말았어.

"적들이 물러난다!"

"와아, 이번에도 우리가 이겼다!"

유비의 군사들은 큰 소리로 함성을 내질렀지.

그렇게 유비는 황건적 떼를 크게 무찌르고 위기에 몰린 청주성까지 되찾았어.

황건적은 유주에 이어 청주에서도 크게 패하면서 세력이 크게 줄어들기 시작했어. 그러나 대장 장각*이 살아 있는 한 뿌리가 뽑히지 않을 터였지.

그로부터 며칠이 지난 어느 날이야.

유비는 노식이 광종현에서 황건적에 맞서 군사를 일으켰다는 소식을 듣게 되었어. 노식은 누상촌에 있을 때 유비에게 학문과 무예를 가르쳐 준 스승이었어.

"스승님을 도우러 가야겠다."

유비의 말에 관우가 말렸어.

"형님, 광종현 부근은 황건적에게 이미 점령당했다고 합니다. 아무래도 우리가 청주성에서 싸울 때보다 상황이 안 좋을 수 있습니다."

"나도 짐작하고 있다. 하지만 위기에 빠진 스승님을 모르는 척할 수는 없지."

유비의 말에 장비가 머리를 긁적였어.

"지금 꼭 청주성을 떠나야 하는 겁니까? 겨우 제대로 된 보금자리를 얻었는데 이곳을 버리고 가야 한다니!"

장비가 망설이자, 유비는 혼자라도 스승님을 도우러 가겠다고 했어.

★ 황건적의 우두머리. 자신을 천공 장군이라 불렀다. 두 동생인 장량, 장보와 함께 도적 떼인 황건적의 세력을 크게 키워 백성을 위협하고 나라를 위태롭게 만들었다.

그 말에 관우와 장비는 얼른 무기를 챙겨 들었지.

"그렇다면 저희도 함께 가겠습니다."

"맞아요. 형님이 가는 곳이라면 어디든 가야죠!"

이렇게 해서 유비와 관우, 장비는 탁현에서부터 함께한 군사 500명을 이끌고 광종현으로 떠났어. 광종현에 도착한 유비는 노식에게 큰절을 올렸어.

"스승님, 이런 곳에서 다시 뵙게 될 줄은 몰랐습니다."

"유비야, 이곳은 아직 버틸 만하다. 차라리 너는 군사를 이끌고 영천으로 가거라."

"영천이요?"

"그래. 그곳에 황보숭 장군과 주준 장군이 있어. 그들이 지금 장각의 동생 장량, 장보와 싸우느라 몹시 힘든 상황이라는구나."

"네, 저희는 영천으로 가겠습니다."

노식은 유비에게 자신의 군사 1천 명을 보태 주었어. 이렇게 해서 유비는 1,500명의 군사를 이끌고 영천으로 향했지. 그곳은 조정에서 파견된 황보숭 장군과 주준 장군이 지키고 있었어.

"저는 유비라고 합니다. 노식 선생께서 두 분 장군을 도와 황건적을 물리치라 하셨습니다. 저희가 힘을 보태겠습니다."

그런데 그 말을 들은 주준 장군이 코웃음을 치는 거야.

"고작 1,500명의 군사를 데리고 와선 우리에게 힘을 보태겠다고? 너희 중에 제대로 싸울 줄 아는 장수가 몇이나 되느냐?"

그 말을 들은 장비가 콧김을 뿜어내며 얼굴을 붉혔어.

"기껏 도와주러 왔더니 지금 그게 무슨 말이오!"

주준 장군은 그런 장비를 향해 가소롭다는 표정을 지었지.

"듣자 하니 너는 돼지를 잡던 백정이었다지? 그런 자가 군사를 다루는 방법에 대해 알긴 하고? 돼지 잡는 칼이나 들던 네가 칼을 제대로 휘두를 수나 있을지 모르겠구나. 병법이나 전술에 대해서는 아무것도 모를 테고."

"병법? 전술? 뭐, 제, 제대로 배운 적은 없지만 싸움은 누구보다 자신 있소!"

"훗, 나는 이 전투에서 너희가 무슨 일을 할 수 있을 거라는 기대도 하지 않는다. 그러니 한가하게 놀든 우리가 싸우는 모습이나 구경하든 마음대로 하여라."

주준 장군의 말을 들은 장비가 눈썹을 치켜뜨며 창을 움켜쥐었어. 그러자 유비가 장비를 지긋이 바라보며 고개를 가로저었지. 참으라는 뜻이었어. 장비는 분을 참지 못해 얼굴이 붉게 달아오를 정도였어. 하지만 유비의 말대로 함부로 창을 휘두르는 짓은 하지 않았지.

며칠 동안 유비는 관우, 장비와 함께 영천을 살펴보았어. 영천에는 매우 넓은 갈대밭이 있었어. 그 반대편에 황건적이 진을 치고 있었지. 바람에 흔들리는 갈대들을 바라보며 유비는 생각에 잠겼어.

"형님, 무슨 생각을 그리 골똘하게 하십니까?"

"우리는 당분간 나서지 않는 것이 좋겠다. 기다려야 해."

관우와 장비가 두 눈을 휘둥그레 떴어.

"네?"

"무슨 말씀입니까? 뭘 기다려요? 이제 와서 설마 겁이라도 먹은 겁니까, 형님!"

장비는 흥분해서 콧김을 씩씩 내뿜었어.

"바람을 봐라. 지금 동쪽에서 서쪽을 향해 불어오고 있어. 우리가 서 있는 쪽으로 불어오는 것이지. 이렇게 되면 적들이 불로 공격할 경우, 우린 꼼짝없이 당해. 바람이 바뀔 때까지 싸워선 안 돼."

"아! 화공!"

그제야 유비의 뜻을 이해한 관우와 장비는 감탄을 터트렸어. 유비는 비록 관우나 장비처럼 싸움 실력이 뛰어난 건 아니었지만, 그 누구보다 신중하고 침착하게 상황을 살피는 능력이 있었던 거야.

그렇게 해서 유비의 군사들은 갈대밭 근처에 진을 치고 기다렸어. 유비가 군사를 이끌고 나갔지만, 아무것도 하지 않고 있다는 말을 들은 주준 장군은 코웃음을 치며 비웃었지.

"크크, 그럼 그렇지. 어쩌다 운이 좋아서 황건적을 좀 잡았기로서니 그까짓 것들이 무슨 싸움이나 할 줄 알겠어?"

그렇게 며칠이 지났어.

스스스, 부스스스! 갈대들이 방향을 바꾸어 흔들거렸어. 바람이 서쪽에서 동쪽으로 불기 시작한 거야.

"지금이다!"

유비는 군사들에게 공격 명령을 내렸어. 관우와 장비는 침착하게 갈대밭에 불화살을 쏘기 시작했지.

쉭쉭, 쉭쉭쉭!

"불이다!"

"불이 번지고 있다!"

갈대밭에 불이 옮겨 붙더니 순식간에 불타오르기 시작했어.

놀란 황건적들은 비명을 지르며 우왕좌왕 도망쳤어. 유비의 군사들이 도망치는 황건적을 공격했어. 황건적들은 창과 칼을 버리고 유비 군과 불을 피해 갈대밭 너머의 강변으로 도망갔어. 하지만 그곳에는 이미 관

우와 장비가 기다리고 있었지.

"어서 오너라. 이쪽으로 올 줄 알고 있었다."

"이놈들, 한 놈도 살려 보낼 수 없다!"

관우와 장비는 맹공격을 시작했어. 이곳에 적이 숨어 있을 거라고는 미처 예상하지 못했던 황건적들은 대부분 목숨을 잃고 말았지. 그렇게 싸움은 유비 군의 대승리로 끝이 났어.

"뭐라고? 유비가 승리했다고?"

소식을 전해 들은 주준 장군은 유비를 내쫓아야겠다고 생각했어.

'만약 저놈이 황건적의 대장인 장각과 동생들을 붙잡는다면 나보다 더 큰 보상을 받을 거야. 그 꼴을 두고 볼 수는 없지!'

주준은 어떻게든 큰 공을 세우고 싶었거든. 그래야 조정에서 큰 벼슬을 내려 줄 테니까. 그런데 난데없이 나타난 유비가 자신보다 더 큰 공을 세울 것 같으니까 불안해졌던 거야. 주준 장군은 유비와 군사들이 돌아오자마자 당장 떠나라고 명령했어.

"이곳 영천은 내가 지킬 테니 그대는 광종현에 가서 노식 장군을 도우시오."

"예? 무슨 말입니까? 황건적 잔당들이 다시 쳐들어올 수도 있습니다!"

"어허, 이곳은 나의 군사들만으로도 충분하다니까. 당장 떠나시오!"

유비는 어이가 없었어.

'이제 막 싸움터에서 돌아온 군사들에게 휴식을 취하게 해 주지는 못

할망정 내쫓으려 하다니, 어찌 저런 자를 장군으로 믿고 따르겠나!'

유비는 지친 병사들을 바라보며 씁쓸한 표정을 지었어.

"형님, 지금 저자가 우리를 내쫓으려는 거요?"

장비가 씩씩거렸어.

"우리가 실력 발휘를 하는 것을 보니 샘이 난 게 틀림없습니다. 지금 여기서 떠나면 우리가 황건적을 물리친 공까지도 저자가 가로채려 들 것입니다."

관우도 화를 참지 못한 듯 붉은 얼굴이 더 붉어졌어.

"아우들아, 일단 침착하게 행동하자. 나도 백성을 돌보아야 할 나라의 장수가 저렇게 행동하는 것을 보니 답답하구나. 하지만 하늘만은 우리의 뜻을 알아주실 것이야. 그러니 일단은 떠나도록 하자."

유비는 억울함을 꾹 참았어.

유비가 군사를 이끌고 광종현으로 가고 있을 때야. 큰 타격을 입은 황건적들이 광종현에서 도망쳐 장두현까지 물러나게 되었다는 소식이 들려왔어.

"노식 선생이 큰 공을 세운 것입니까?"

"아닙니다. 갑자기 나타난 젊은 장수가 맹활약하면서 광종현에 버티고 있던 황건적이 몽땅 달아났지요."

"그 젊은 장수가 누구입니까?"

유비와 관우, 장비는 궁금해서 동시에 물었어.

"조조*라고 합니다."

조조는 관군을 이끄는 장수인데, 황보숭 장군이 자기 군의 선봉으로 쓰려고 뽑은 인물이었어. 많은 사람 가운데 뽑힌 만큼 과연 조조의 활약은 눈이 부실 정도로 대단했어. 황건적을 이끄는 또 다른 대장을 단칼에 베어 버렸다고 해. 황건적은 눈이 옆으로 쭉 찢어진 장수만 보면 조조일까 봐 두려워서 겁을 먹고 달아날 정도였지. 사람들은 모두 조조의 활약을 칭찬했어.

"우리도 큰 공을 세웠는데 알아주는 사람도 없고…… 가는 곳마다 조조를 칭찬하느라 바쁘군."

장비는 불만을 터트렸어.

"우리는 의병이 되겠다는 마음으로 힘을 합친 사람들이지 않느냐. 누가 등을 떠밀어 군사를 일으킨 것도 아니고, 누구에게 자랑을 하려고 이기는 것도 아니며, 스스로 나라를 지키기 위해 의병이 된 것이다. 그러니 남이 알아주지 않는다 해도 참아야 한다."

유비의 말에도 장비는 화가 난다며 커다란 코를 벌름거렸지.

영천에서 다시 광종현으로 온 유비는 노식을 찾아갔어. 그때 저 멀리

★ 한나라 황실에서 궁성을 지키는 근위대에 있던 장수. 뛰어난 머리와 탁월한 무공 실력을 갖추어 황건적 토벌군에 발탁되었다. 자는 맹덕.

한 무리의 병사들이 죄수를 태운 수레를 끌고 가는 것이 보였지.

"이 전쟁 중에 무슨 죄를 지었기에 붙잡혀 가는 것이지?"

"황건적의 두목이 붙잡힌 거 아닐까요?"

관우와 장비가 고개를 갸웃했어.

수레가 가까워지자 유비의 눈이 휘둥그레졌어.

"스, 스승님!"

수레에 타고 있는 죄수는 바로 노식이었던 거야. 유비는 당장 수레를 가로막으며 노식을 만나게 해 달라고 부탁했어.

"어허, 이 수레를 막아서는 것은 황제의 명을 거역하는 것이다!"

호송 책임자가 딱 잘라 거절했지.

그러자 화가 난 장비가 칼을 뽑아 들었어. 유비는 그런 장비를 말리며 다시 한 번 간곡하게 부탁했어.

"나는 의병장 유비입니다. 어릴 적부터 누상촌에서 노식 선생님에게 글과 무예를 배웠습니다. 제자가 스승을 만나려는 것입니다. 부디 한 번만 허락해 주십시오."

유비의 간곡한 부탁을 들은 호송 책임자는 뻔뻔하게 말했어.

"정 그렇게 스승을 만나고 싶으면 돈이라도 내놓든가."

"돈이라고요?"

그 말을 들은 유비는 가슴이 철렁 내려앉는 것 같았어.

'허허, 이 나라에 썩어 빠진 관리가 이렇게 많다니! 이 나라에 희망이

있긴 한 것인가!'

그때 관우가 주머니에 있던 엽전을 건네주었어. 그러자 호송 관리자는 큰 아량을 베푸는 것처럼 거만한 표정을 지으며 말했지.

"시간은 길게 줄 수 없소."

어렵게 노식을 만나게 된 유비는 대체 어찌 된 영문이냐고 물었어. 노식은 고개를 푹 숙이며 말했지.

"너는 영천에 있어야 할 터인데 어찌 여기 있는 것이냐? 설마 그곳의 관리들이 너희들을 내쫓기라도 한 것이냐?"

"……."

"이 나라엔 썩어 빠진 관리들밖에 없는 모양이로구나. 나 역시 황제의 칙사라며 찾아온 관리에게 뇌물을 주지 않아 이렇게 누명을 쓰고 붙잡혀 가는 것이란다."

"아니, 황제의 칙사가 뇌물을 요구했다고요?"

유비는 너무 기가 막혀 목소리를 높였어.

"그래. 지금 전쟁 중이고 군사들에게 나눠 줄 군량미조차 모자라는 형편인데도 뇌물을 요구하더구나.'

"그래서요?"

"황제의 칙사를 큰 소리로 꾸짖었지. 그러자 무안을 당한 칙사가 조정으로 돌아가서 노식이 싸움은 하지 않고 군량미를 빼돌린다는 거짓 보고를 했더구나."

노식은 어두운 얼굴로 설명했어.

"그, 그런 말도 안 되는 일이! 아무도 황제께 사실을 알려 주는 사람이 없는 걸까요?"

"황제께선 나를 잡아들이라고 하고, 대신 동탁이라는 장수에게 이곳 광종현을 맡기겠다고 명령하셨다고 한다."

노식의 말을 들은 유비는 억울함을 참지 못해 눈물을 흘렸어.

"스승님, 이러면 조정의 관리들이 황건적이나 다를 바가 없지 않습니까? 백성들은 도대체 누굴 믿고 살아야 한단 말입니까?"

"유비야, 눈물을 거두어라. 내가 비록 끌려가는 죄인의 몸이 되었지만, 아직 나를 믿고 따르는 장수들이 많다. 너는 동탁이라는 새 책임자가 오면 이곳 장수들과 함께 그를 도와 황건적을 무찌르도록 하여라. 그러기 위해 나선 길이 아니더냐?"

"스승님!"

노식은 그 말을 마치고 다시 수레에 올라탔어.

'조정에 스승님의 누명을 벗겨 줄 이가 있어야 할 텐데!'

유비는 억울하고 분한 생각이 들었지만, 할 수 있는 일이라곤 아무것도 없었지.

"형님, 차라리 저 관리들을 모조리 죽이고 노식 선생님을 구합시다."

"이대로 끌려가면 죽을 게 뻔합니다!"

관우와 장비가 소리쳤지만, 유비는 아무 말도 하지 않았어.

한참 뒤, 마음을 진정시킨 유비가 아우들에게 말했어.

"나도 마음이 상하긴 마찬가지다. 하지만 우리마저 돌아서면 백성들은 어느 누가 지켜 주겠느냐."

"형님은 마음이 넓어서 좋겠수. 난 도대체 우리가 황건적이랑 싸우는 건지 관리들이랑 싸우는 건지도 헷갈려요!"

장비는 계속해서 씩씩거렸어. 보다 못한 관우가 장비를 진정시켰지.

"장비야, 그쯤 하거라."

사실 유비도 다 그만두고 싶은 마음이 굴뚝같았어. 하지만 지금 이대로 그만둔다면 백성들의 삶은 더 어려워질 게 뻔했지.

"새로 광종현을 맡는다는 동탁이라는 장수가 부디 공정한 사람이었으면 좋겠군."

유비는 노식이 시킨 대로 광종현에 남아서 동탁이 오기를 기다리기로 했어. 하지만 노식이 없는 터라 유비의 군사들은 제대로 된 숙소조차 얻을 수가 없었어. 결국 유비와 관우, 장비 그리고 군사들은 길에서 잠을 자며 버텨야 했지.

그렇게 이틀이 지났을 때야. 갑자기 어디선가 군사들의 함성이 울려 퍼지더니 엄청난 수의 관군들이 허둥지둥 도망쳐 오는 것이 보였어.

"형님, 저들은 동탁 장군이 이끄는 군사들인 것 같습니다."

관우의 말에 유비는 고개를 끄덕였어.

"아무래도 저들이 광종현으로 오는 길에 숨어 있던 황건적 잔당을 만난 것 같구나."

유비는 당장 군사들을 이끌고 나가 동탁의 군사들을 뒤따라오는 황건적들을 물리쳤어. 유비의 군사가 있는 힘을 다해 싸워 준 덕분에 황건적들은 더 이상 쫓아오지 못하고 도망쳤지.

"휴, 살았다."

허둥지둥 황건적에게 쫓기던 관군의 대장이 말에서 내렸어. 동탁*은 매우 몸집이 크고 뚱뚱한 사람이었지.

"도와주어 고맙소. 나는 황제 폐하의 명령으로 이곳 광종현으로 온 동탁이오. 실력을 보아하니 매우 높은 관직을 지닌 장수일 것 같은데 그대의 관직은 무엇인가?"

동탁의 말에 유비가 공손히 손을 모으며 대답했어.

"저는 아무런 벼슬이 없습니다. 저와 여기 있는 군사들은 황건적을 물리치기 위해 뜻을 함께한 의병입니다."

그 말을 들은 동탁의 표정이 싹 바뀌었어.

"의병? 뭐야, 난 또 대단한 장군인 줄 알았더니만! 애썼으니 그만 물러가시게."

원래 동탁은 벼슬이 높은 사람에겐 굽실거리며 아첨하기를 좋아하고

★ 하동 태수 출신이며, 거칠고 힘이 센 장군이다. 욕심이 많고 비열해서 수많은 사람을 잔인하게 죽이고, 황제와 대신들을 능멸하며 한나라를 위태롭게 한다.

자기보다 벼슬이 낮은 사람은 무시하고 함부르 대하는 사람이었거든.

　그 모습을 본 장비는 화를 참지 못하고 고함을 질렀어.

　"저런 무례한 자를 보았나. 죽기 살기로 싸워서 목숨을 구해 주었더니 한다는 소리가 물러가라고?"

　그러자 관우가 서둘러 장비를 막았어.

　"그만하거라. 여기서 더 설쳤다간 황제의 명령을 받은 관군 대장 동탁에게 미움을 사게 될 것이다."

　"그게 무섭소?"

　"자칫하면 우리 모두 역적으로 몰려 붙잡혀 간다고!"

　장비는 분을 참지 못해 입술을 깨물었어. 유비는 말없이 그 모습을 바라보기만 했지.

제3장

야심이 큰 동탁

　길고 긴 전투 끝에 마침내 황건적의 우두머리인 장각이 붙잡혔어. 이로써 한나라를 어지럽히던 황건적의 난은 마침내 평정되었지. 유비와 관우, 장비는 물론이고 전국을 주름잡던 유명한 영웅들이 모두 힘을 합친 덕분에 가능한 일이었어. 동탁과 조조, 황보숭과 주준 등 황제가 파견한 관군은 물론이고, 유비, 관우, 장비 삼 형제를 포함해 황건적 소탕에 공을 세운 영웅들이 한나라의 도읍 낙양으로 향했어.

　"우리가 황건적을 모조리 섬멸했다!"

　"드디어 나라에 평화가 찾아오겠구나!"

　큰 도적이 사라졌으니 나라에 평화가 찾아오고 백성은 평안해질 줄 알았지만, 세상은 그렇게 돌아가지 않았어.

　조정에서는 공을 세운 조조, 동탁 등 장수들에게 상과 벼슬을 내렸어. 하지만 유비와 관우, 장비에게는 어떤 벼슬도 내려오지 않았지.

"아니, 우리도 전쟁에서 큰 공을 세웠는데 어찌하여 벼슬 한자리도 없는 것이오?"

장비가 가슴을 쾅쾅 치면서 답답한 듯 물었지.

"십상시*들이 벼슬을 줄 사람들을 제멋대로 정해서 그렇다는구나."

관우의 말에 장비가 두 눈을 부릅떴어.

"십상시라면 그 열 명의 내시 말이오?"

"그래, 그들이 폐하의 명령도 따르지 않고 제멋대로 굴고 있다지."

"쳇, 황건적을 무찌르면 뭐 하나. 조정이 이렇게 썩어 빠졌는데!"

장비가 투덜거리자 유비는 고개를 푹 숙였어. 아우들을 볼 낯이 없었던 거야.

그렇게 유비와 관우, 장비는 공을 인정받지도 못하고, 다시 고향으로 돌아가야 할 지경에 이르렀어. 유비가 짐을 꾸리려 할 때, 황제께서 유비에게 벼슬을 내리겠다는 소식이 들려왔지. 장비는 신이 나서 춤을 덩실덩실 추었고 관우의 얼굴에도 오랜만에 밝은 웃음이 어렸어.

"그래. 이제야 우리 유비 형님이 얼마나 대단한 분인지 제대로 아셨나 보군!"

"어허, 체통을 지켜라."

이윽고 황제의 명령을 들고 온 관리가 유비에게 말했어.

★ '열 명의 내시'라는 뜻. 한나라 말기에 황제인 영제를 대신해 정권을 잡아 제멋대로 나라를 다스리고 백성들을 괴롭힌 내시 열 명을 일컫는다.

"황건적을 물리치는 데 큰 공을 세운 유비는 안희현의 현위로 가게 될 것이오."

"에? 고작 현위라고요?"

장비가 콧김을 내뿜으며 소리쳤어.

현위는 요즘으로 치면 군수 정도 되는 벼슬이야. 게다가 안희현은 매우 작은 고을이어서 백성들도 얼마 되지 않는 곳이었지.

"우리 형님이 고작 그딴 고장의 현위라니요!"

"어허, 그만하거라."

화가 나서 두 눈을 부릅뜨는 장비를 향해 유비가 크게 호통을 쳤어.

"벼슬의 크기가 중요하겠느냐. 이것이 황제 폐하의 뜻이라면 감사히 받들어야지."

"하지만 형님은 황족이시지 않습니까! 황족이 공을 세웠는데 고작 그따위 벼슬을 주다니!"

그 말을 옆에서 들은 관리가 유비를 향해 말했어.

"옳거니, 네가 황족이라고 떠들고 다닌다는 자로구나. 황제 폐하께 아뢰어 지금 주기로 한 벼슬도 거두어야겠다."

"뭐라고요?"

유비가 어이없는 표정을 짓자, 관리가 눈을 번뜩였어.

"솔직히 말해! 가짜인 주제에 황족인 척하고 다니는 이유가 무엇이냐? 그렇게 해서 얼마나 많은 재물을 챙겼느냐?"

관리는 유비에게 뇌물을 달라고 신호를 보내는 것이었지. 이렇게 다그치면 유비가 다른 사람들처럼 뇌물을 내놓을 거라 생각했던 거야. 그러자 장비가 관리의 멱살을 붙잡았어.

"이놈, 우리 형님께 무슨 소리냐!"

"장비야!"

유비가 말렸지만 장비는 이미 화가 머리끝까지 치밀어 있는 상태였지.

"형님, 이런 놈은 용서할 수 없습니다. 이놈이 형님더러 뇌물이나 받아먹는 가짜 황족이라잖아요!"

"사실이 아니라는 것을 밝히면 될 일이지 어찌 힘으로 사람을 위협하느냐?"

유비의 말에 보다 못한 관우도 장비를 거들었어.

"장비의 말이 틀린 건 아닙니다. 이딴 놈들에게 벼슬을 구걸하느니 모든 걸 버리고 떠납시다."

"떠날 때 떠나더라도 이놈은 혼쭐을 내 줘야겠소!"

장비가 두 손에 힘을 꽉 주었어. 그러자 관리의 몸이 허공으로 떠올랐지. 장비는 있는 힘껏 관리를 내동댕이치려 했어.

"나, 나를 살려 주시오! 나는 황제의 명령을 받고 온 몸이오! 그러니 내가 황제나 마찬가지란 말이오!"

관리가 유비에게 다급히 살려 달라고 소리쳤지. 그 모습을 본 유비는 길게 한숨을 내쉬었어.

"네 말대로 관직을 내려놓고 떠나도록 하자. 관리는 그만 돌려보내 주어라. 누군가는 궁궐로 돌아가 우리가 관직을 받지 않겠다는 뜻을 전해야지."

유비의 말에 장비는 하는 수 없다는 듯 관리의 멱살을 풀어 주었어. 겁을 먹은 관리는 허둥지둥 도망쳤어.

"소문에 십상시가 황제보다 더 큰 힘을 가졌다더니, 그 말이 참말인가 봅니다."

관우가 근심 어린 표정을 지었어.

"나도 소문으로 들었다. 십상시들 때문에 나라 꼴이 말이 아닌 지 오래라고. 황건적을 치우고 십상시들이 더욱 기세등등한가 보구나. 사람들 말로는 황제가 십상시의 허수아비나 다름없다더군."

얘기를 듣던 장비가 주먹을 움켜쥐었어.

"에잇! 당장 십상시고 뭐고, 다 쓸어버렸으면 좋겠네!"

그 무렵 황제인 영제도 십상시가 횡포를 부리고 있다는 사실을 깨닫게 되었어. 영제는 대장군이자 황후의 오빠인 하진의 힘으로 십상시들을 꼼짝 못 하게 만들려고 했어. 그래서 대장군 하진에게 더 큰 벼슬과 권력을 주었지.

"폐하, 하진에게 왜 그토록 큰 벼슬을 내리시는 것입니까?"

"당장 벼슬을 무르십시오."

십상시들이 들고일어나서 반대했어.

"대장군은 내 아들 변의 숙부가 되오. 변이 안전하게 자라서 내 뒤를 이으려면 하진 대장군의 힘이 필요하오."

영제의 말에 십상시들은 인상을 찌푸렸어. 영제가 하진에게 큰 권력을 주고, 자신들의 말을 들으려 하지 않는 것을 못마땅하게 생각한 거야.

"이렇게 된 이상 우리가 선수를 쳐서 하진과 황자 변을 먼저 죽여 버리자고."

"그래. 황제에겐 다른 아들인 '협'도 있으니 그를 새 황제로 만들면 그만이야."

한나라 조정을 꽉 쥐고 있는 십상시들은 아예 하진과 유변을 죽이고 황제인 영제까지 없애려 했어. 이 음모는 하진의 귀에 들어갔지. 하진은 부하인 원소*에게 군사 5천 명을 내주며 당장 궁궐로 가서 십상시를 죽이라고 명령했어.

"황제는 어떻게 할까요?"

원소가 묻자, 하진은 차가운 목소리로 말했어.

"이번 기회에 우리 변이를 새 황제로 만들면 좋겠구나."

황건적의 난으로 골머리를 앓은 영제는 최근 건강이 부쩍 나빠진 상태였지. 하진은 이참에 조카를 새로운 황제로 세우는 것이 좋겠다고 생각

★ 대장군 하진의 부하 장수. 명문가의 자손인 데다 야망이 크고 욕심이 많은 장수다. 하지만 동탁에 의해 먼 곳으로 쫓겨나게 된다.

한 거야.

"예, 대장군!"

명령을 받은 원소가 군사를 이끌고 출정하려 할 때였어.

"안 됩니다."

젊은 장수 한 명이 원소와 하진의 앞을 가로막았어.

"감히 내 명령을 거역하다니. 넌 누구냐!"

하진이 호통쳤지만 젊은 장수는 아랑곳하지 않았어. 그는 오히려 고개를 뻣뻣이 치켜들며 말했지.

"저는 궁성을 지키는 근위대장 조조라고 합니다. 대장군, 아직은 때가 아닙니다."

"뭐, 뭐라고?"

"황제 폐하가 아직 살아 계시지 않습니까. 지금 황제께서는 건강이 매우 좋지 않습니다. 그러니 궁궐을 차지하는 일은 황제 폐하께서 숨을 거두고 난 뒤에 해도 늦지 않을 것입니다."

조조의 말을 들은 하진은 한참 고민했어. 조조는 망설이는 하진이 결단을 내릴 수 있도록 다시 설득했어.

"대장군, 잘 생각해 보십시오. 황제가 살아 있을 때 군사를 궁궐로 보내면 반란이 됩니다. 하지만 황제가 죽은 다음 군사를 궁궐로 보내면 그건 어린 황자를 보호하는 일이니 당연히 해야 합니다. 반란을 일으킨 역적이 되시겠습니까? 아니면, 위기의 상황에서 황자를 지켜내는 공을 세우시겠습니까?"

"오호라!"

하진은 무릎을 '탁!' 치며 감탄했어.

"조조의 말대로 하겠다. 원소는 군사들과 함께 때를 기다려라."

그렇게 몇 달이 흐른 어느 날, 궁궐에서 사람이 찾아왔어.

그는 하진의 귀에다 소곤소곤 매우 심각한 이야기를 했어. 이야기를 들은 하진은 눈을 번뜩거렸지. 그리고 잠시 생각을 하더니 원소를 불러 이렇게 명령했어.

"원소는 군사들을 이끌고 궁궐로 가거라."

"무슨 일이 생겼습니까? 설마……."

"그래. 황제가 숨을 거두었다는구나."

"때가 왔군요! 대장군의 명대로 지금 궁궐로 가서 십상시들을 모조리 처리하겠습니다!"

원소는 하진의 명령이 떨어지기 무섭게 군사를 이끌고 궁궐로 쳐들어갔어. 원소는 단숨에 궁궐을 장악하고 십상시를 붙잡았지.

"황후마마, 저희를 살려 주십시오!"

원소가 십상시들을 죽이려 할 때, 십상시들은 하진의 여동생인 하황후에게 제발 목숨을 살려 달라고 애원했어.

"마마, 돌아가신 황제께서 저희를 아버지라 부르며 따랐던 것을 잊으셨습니까!"

"그, 그건 알지만……."

"지금 저희를 죽인다면 황제 폐하의 뜻을 저버리는 일이 될 것입니다!"

십상시 중 하나인 장양의 외침에 마음이 약해진 하황후는 우물쭈물 망설였어. 고민하던 황후는 결국 원소에게 십상시들을 살려 주라고 했어. 하진은 자기 뜻대로 십상시들을 모조리 죽일 수는 없게 되었지.

원소가 하진에게 말했어.

"대장군, 전국의 영웅호걸들을 낙양으로 불러들인 뒤에 그들에게 십상시를 죽이도록 하면 어떻겠습니까?"

"어째서 그래야 하지?"

"그러면 황후마마도 더 이상 십상시를 보호하지 못할 테니까요!"

원소의 말에 하진이 고개를 끄덕였어.

"그래, 그거 좋은 생각이다!"

이때 머리가 좋은 조조가 나섰어.

"안 됩니다! 고작 십상시들 때문에 전국의 영웅호걸들을 낙양으로 끌어들인다면 더 큰 일이 벌어질 것입니다."

조조는 극구 반대했지만 하진은 이미 마음을 굳힌 상태였어.

하진은 자기 여동생이 낳은 황자 유변(소제)을 황제의 자리에 올렸어.

"축하드리옵니다!"

모든 문무백관이 머리를 조아리며 새 황제를 찬양했지만, 단 한 사람만 머리를 흔들며 뒤돌아섰어. 바로 조조였지.

'어리석구나. 열세 살 어린 황제가 있는 지금 궁궐은 주인 없는 산이나 다름없어. 그런 곳에 사람을 불러들인다면…… 보나 마나 다른 자들이 궁궐을 차지하려 들 테고, 앞으로 엄청난 싸움이 벌어지게 될 것이다.'

조조의 생각은 얼마 지나지 않아 그대로 들어맞았어.

하진이 전국의 영웅호걸들을 낙양으로 불러 모은다는 소식이 서량에 있던 동탁에게도 들어갔어. 동탁은 황건적의 난을 평정할 때 토벌군의 사령관이었어. 하지만 황건적에게 번번이 패하면서 관직을 내놓고 쫓겨날 수밖에 없었지. 하지만 동탁은 십상시에게 뇌물을 주고 국경 지역 서량을 지키는 자리로 물러나 있었어.

동탁은 다시 권력을 잡기 위해 군대를 키우고 기회를 노리고 있었어.

"전군은 출진하라!"

동탁이 이때를 놓칠세라 20만 대군을 끌고 낙양에 나타났어. 조조가 이 소식을 듣고 하진을 찾아갔지.

"동탁이 낙양으로 오는 것을 막아야 합니다!"

조조는 자칫하면 모든 걸 빼앗길 거라고 경고했어. 하지만 하진은 조조의 이야기에 귀를 기울이지 않았지.

"크크크, 귀찮은 십상시만 없애면 조카가 황제이니 나는 이 나라 최고의 벼슬을 갖게 될 것이야."

어리석은 하진은 그렇게 조조의 말을 무시해 버렸지.

동탁을 비롯해 지방 곳곳에서 많은 군사가 낙양으로 올라오고 있다는 소식이 십상시의 귀에 들어갔어. 십상시는 난리가 났지. 그 군사들이 도착하면 자기들부터 죽일 테니까. 십상시는 머리를 짜내다가 하진을 불렀어.

"하태후★께서 하진 대장군 혼자 들어오라고 하십니다."

★ '태후'는 황제의 살아 있는 어머니를 말한다. 영제가 죽은 뒤, 아들 유변이 황제에 올랐기 때문에 하황후는 하태후가 되었다.

하진이 성문 안으로 들어가자, 십상시가 달려들어 하진을 죽여 버렸어. 그리고 궁궐 밖에 있던 군사들을 향해 소리쳤지.

"하진은 반역죄로 처단되었다. 너희도 용서를 빌면 살려 줄 것이다."

그러자 원소와 조조는 가만히 있지 않았어.

"겁먹을 필요 없다! 십상시는 간신이다! 모조리 처단하라!"

조조가 이끄는 군사들은 성문으로 들어가 십상시를 비롯한 환관과 가족들, 궁궐 안에 있는 사람들을 모조리 처단했지. 그렇게 죽은 사람들이 무려 2천 명이나 되었어.

한편, 어린 황제 소제는 난리통에 환관에게 잡혀 궁궐 밖으로 끌려 나갔어. 그런데 우연히 20만 군사를 이끌고 낙양으로 향하던 동탁을 만나게 된 거야. 동탁은 황제 소제를 호위해 궁궐로 들어갔어.

"동탁 장군 덕분에 우리 황제를 무사히 만날 수 있게 되었소."

하태후는 아들을 끌어안고 눈물을 흘렸어.

동탁이 얼마나 나쁜 마음을 품었는지 하태후와 소제는 모르고 있었지.

"에잇. 십상시는 우리가 처단했는데 동탁이 갑자기 끼어들어 공을 가로채다니!"

원소는 궁궐을 차지한 동탁의 소식을 듣고 부드득 이를 갈았어.

"동탁 장군, 이제 임무를 끝냈으니 그만 군사들과 함께 돌아가시오."

하태후가 이렇게 말하자, 동탁이 코웃음을 쳤어.

"그냥 돌아갈 순 없습니다. 황제 폐하와 진류왕(황자 유협)을 보호하는 것이 저의 임무니까요."

사실 동탁의 목표는 하태후가저 죽이고 궁궐을 완전히 자기 손아귀에 넣은 다음, 자신이 황제를 마음대로 쥐고 흔드는 것이었어.

"황제 폐하는 어디 계시느냐? 이 동탁이 직접 보호할 것이다."

동탁은 부하 장수를 시켜 어린 황제와 진류왕을 자기 앞으로 데려오라고 명령했지.

"도, 동탁 장군! 우리를 왜 보자고 한 것이오?"

어린 황제는 동탁의 무시무시한 모습에 겁을 먹고 말았어.

"이제부터 폐하는 제 말만 들으면 됩니다. 아시겠습니까?"

"……."

"이 동탁의 말만 잘 들으면 폐하는 아주 편히 계실 수 있을 것입니다."

동탁은 궁궐의 문을 굳게 걸어 잠그고, 자기 외에는 누구도 들어가지 못하게 했어. 황제와 진류왕은 궁궐에 갇힌 신세가 되고 말았지.

동탁의 횡포는 여기서 멈추지 않았어. 동탁은 황제에게 제멋대로 명령을 내리기까지 했어.

"당장 군사를 일으켜라!"

원소는 동탁을 공격하려 했지.

"지금은 안 됩니다."

조조가 반대했어.

"무엇 때문인가?"

"동탁이 가진 군사의 수는 20만이 넘습니다. 우리의 군사를 모두 합쳐도 이길 수 없을 정도로 많습니다."

"에잇!"

동탁은 궁궐을 제집처럼 쓰기 시작했어. 어린 황제는 동탁의 말에 따라야만 했어.

"십상시가 죽고 나니 동탁이 나라를 차지하는군."

"어허, 이 나라가 어찌 되려고 이러는지!"

관리들은 동탁에게 잘 보이려고 온갖 뇌물을 갖다 바쳤어. 누구도 백성을 위해 일하는 자가 없었지. 결국 백성들에게는 여전히 고통스러운 나날이 계속되었어. 조조는 욕심에 눈이 멀어서 호랑이를 불러들인 하진을 향해 혀를 끌끌 차며 탄식했어.

"아아, 이대로 나라가 동탁의 손에 넘어가는 것인가."

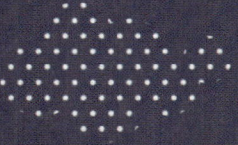

제4장

악인의 결탁

어느 날, 동탁이 큰 잔치를 열었어.

"그동안 나를 탐탁지 않게 여겼던 대신들을 모두 한자리에 불러 모으도록 해라."

사실 동탁의 속마음은 잔치를 벌이려는 게 아니라 대신들을 겁주려 했던 거야.

동탁은 커다란 잔칫상을 차려 놓고 그 뒤에 날카로운 칼과 창으로 무장한 군사들을 세워 두었어. 그 모습을 본 대신들은 밥을 코로 먹는 것인지 입으로 먹는 것인지 모를 정도로 긴장할 수밖에 없었지.

"다들 왜 그러고만 있소? 어서 음식을 드시오."

동탁은 그런 대신들을 비웃기라도 하듯 술을 마시며 말했지. 그때 신하들 가운데 정원이라는 사람이 자리에서 벌떡 일어났어.

"동탁 네 이놈! 우린 조정의 신하들이다. 네 말 따위를 들으려고 벼슬

길에 오른 게 아니란 말이다."

정원의 말에 동탁은 칼을 빼 들었어. 그리고 당장이라도 정원을 죽일 기세로 칼을 휘둘렀지.

바로 그 순간! 어디선가 나타난 장수가 자신의 칼로 동탁의 칼을 가볍게 튕겨 내 버렸어.

"챙!"

동탁의 칼이 날아가 바닥에 내리꽂혔어.

"대체 누구냐!"

동탁은 겁 없이 끼어든 장수를 향해 소리쳤어. 그러자 그 장수가 서서히 고개를 치켜들었지. 한눈에 보기에도 어마어마한 고수라는 것을 알 수 있을 정도로 사나운 기운이 흘러넘쳤어.

"여포★라고 하오."

"여포?"

그때 동탁의 부하 중 한 명이 소곤소곤 말했어.

"장군님, 저자는 정원의 양자인 여포라고 합니다. 여포는 천하제일의 무예 실력을 갖춘 장수입니다."

"흐음!"

그사이 여포는 양아버지인 정원을 부축해서 밖으로 나가 버렸어. 동탁

★ 천하제일 뛰어난 실력을 갖춘 용맹한 장수이지만 눈앞의 이익에 따라 배신을 거듭한다. 자는 봉선.

은 여포의 늠름한 뒷모습을 바라보았지.

'여포라는 놈, 정말 강한 것 같군. 함부로 덤볐다간 낭패를 보겠어. 저런 고수를 내 부하로 삼는다면 이 나라를 집어삼키는 일쯤은 식은 죽 먹기일 텐데!'

이튿날, 동탁은 자기 부하인 이숙에게 심부름을 시켰어.
"지금 당장 여포에게 적토마를 가져다주어라."

적토마는 마치 태양처럼 붉은색 털을 가진 말이야. 동탁은 아끼던 명마를 주고 여포의 마음을 사려고 했어.

"이 말은 무엇이냐?"

말을 본 여포가 물었어.

"동탁 장군께서 보낸 적토마입니다. 하룻밤에 천 리를 달리는 명마입니다."

"흐음!"

"이 말이 마음에 드신다면 동탁 장군을 찾아가 고맙다는 인사를 하십시오. 그러면 틀림없이 좋은 선물을 주실 것입니다."

이숙의 말에 여포는 망설였어. 만약 적토마를 받고 동탁에게 간다면 자기 양아버지인 정원을 배신하는 것이나 마찬가지니까. 이숙이 여포에게 은밀히 속삭였어.

"동탁 장군은 영웅을 알아보는 눈이 있습니다. 동탁 장군은 영웅과 함께 천하를 호령하고 싶다고 말씀하셨습니다."

그러자 여포는 이렇게 대답했지.

"동탁 장군께서 나를 그렇게 생각해 주실 줄은 몰랐군. 하지만 내가 빈

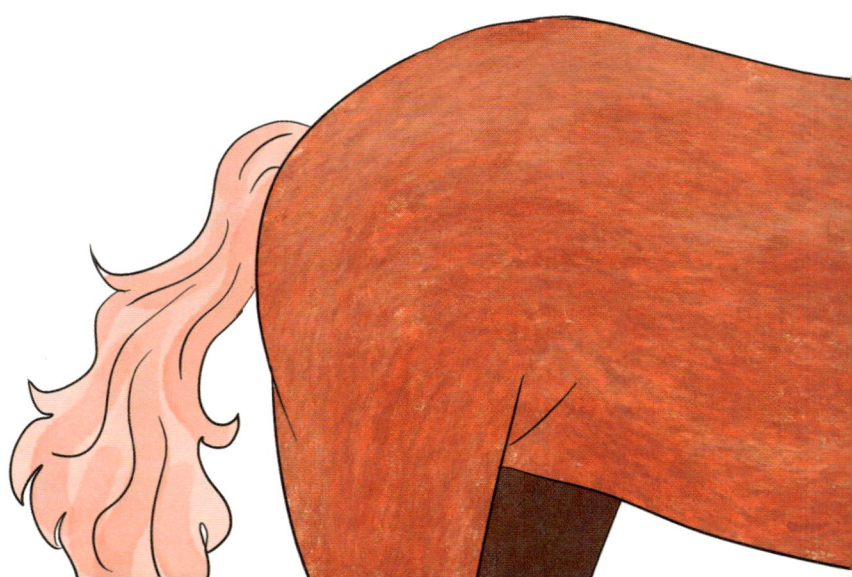

손으로 장군을 찾아뵐 수는 없지 않겠는가."

여포의 말에 이숙이 빙그레 미소를 지었어.

"그렇다면 정원을 죽여 그 목을 들고 동탁 장군을 찾아가십시오. 크게 기뻐하실 것입니다."

그날 밤, 여포는 자기 양아버지인 정원을 찾아가 목을 베었어. 그리고 적토마를 타고 동탁에게 달려갔지. 동탁은 여포를 크게 반겼어.

"여포, 너는 이제부터 내 아들이다."

이렇게 해서 여포는 동탁과 손을 잡게 되었어. 최고로 나쁜 자들끼리 손을 잡게 되었으니, 세상은 더 혼란스러워지고 착한 사람들은 더 살기 힘들었지.

"크하하! 이제 세상은 내 것이나 마찬가지야."

동탁은 소제를 폐위시키고, 소제의 동생 진류왕 유협을 새 황제로 올렸어. 후한의 제14대 황제 헌제야. 동탁은 제 손으로 올린 황제 대신 나랏일을 제멋대로 처리하기 시작했지. 하지만 누구도 동탁에게 맞서지 못했어. 동탁의 곁에는 그 누구보다 강한 장수인 여포가 지키고 있었기 때문이지.

"참, 원소를 잊고 있었군. 원소가 골칫거리가 될 수 있으니 먼 시골로 내쫓도록 해. 낙양으로 올 엄두도 내지 못하도록 멀리, 아주 멀리 내쫓는 것이 좋겠군!"

동탁은 원소를 낙양에서 아주 먼 지역인 발해군까지 내쫓아 버렸어. 그렇게 원소까지 내쫓은 동탁은 스스로 승상의 자리에 올라 더욱 제멋대로 굴기 시작했어. 날마다 잔치를 열고 마음에 들지 않는 사람은 가차 없이 목을 베어 버렸지.

"어허, 이 나라를 어찌하면 좋은가!"

"이제 이 나라는 동탁의 손아귀에 넘어가고 말았구나."

대신들은 동탁의 횡포에 아무런 힘도 쓰지 못했어. 앞에선 아무 말도 못 하고 그저 속으로 동탁을 싫어할 뿐이었지. 그중에서도 왕윤*은 특히 동탁을 미워했어.

그러던 어느 날, 왕윤은 자신의 생일이라며 조정의 여러 대신을 집으로 초대했어.

"자자, 모두 술이라도 마십시다."

왕윤은 술잔을 높이 치켜들었어. 그러더니 갑자기 엉엉 대성통곡을 하기 시작했지.

"아니, 이렇게 기쁜 날 왜 우십니까!"

"사실 오늘은 내 생일이 아닙니다. 동탁의 눈을 속이려고 거짓말을 했습니다."

왕윤은 눈물을 훌쩍였어.

"아아, 동탁만 없앨 수 있다면 무엇이든 할 수 있을 텐데!"

"나도 마찬가지요."

"나 역시 동탁을 내쫓고 나라를 구할 수 있다면 목숨도 바칠 것이오."

대신들은 모두 깊은 한숨을 내쉬었어. 그러자 구석에 있던 조조가 웃음을 터트렸어. 왕윤은 두 눈을 휘둥그렇게 뜨며 물었지.

★ 한나라의 높은 대신. 동탁에 협조하고 있지만 황실을 어지럽힌 동탁을 없애기 위해 기회를 노린다.

"아니, 맹덕! 어째서 웃는 것이오?"

"아무 방법도 없이 고민만 하는 대신들이 한심해서 웃었습니다."

조조는 솔직하게 말했어. 조조의 말에 왕윤은 손을 파르르 떨었어.

"그렇다면 당신은 무슨 방법이라도 있다는 것이오?"

"왕윤 대감, 대감께서는 이 나라에서 가장 좋은 칠성보검을 갖고 계신다면서요? 저에게 그 칼을 빌려주십시오."

"그게 무슨 말입니까?"

"제가 그 보검으로 반드시 동탁의 목을 베겠습니다!"

조조의 말에 왕윤은 다시 눈을 크게 떴어.

"뭐라고요?"

"저를 믿어 보십시오."

조조의 호기가 세상을 뒤집을 만하다 여긴 왕윤은 조조에게 자신이 가진 칠성보검을 기꺼이 내주었어.

다음 날, 조조는 느지막하게 동탁이 있는 승상부로 출근했어. 동탁의 뒤에는 여포가 그림자처럼 서 있었어.

"맹덕, 어찌하여 이렇게 늦게 나왔는가?"

동탁은 의아해하며 물었어.

"아, 말이 기운이 없어 그런지 빨리 뛰지 못해 걸어왔습니다."

"뭐라고? 여포야, 마구간으로 가서 맹덕에게 줄 말을 한 필만 골라 오너라."

동탁의 말에 여포가 자리를 비웠어.

'때는 지금이다!'

조조는 동탁이 등을 돌린 사이에 얼른 왕윤으로부터 받은 칠성보검을 빼내 들었어. 하지만 그때 하필이면 동탁이 거울에 비친 조조를 보게 된 거야.

"네 이놈! 지금 무얼 하는 짓이냐?"

"승상…… 이 칼을 좀 보십시오."

"이 칼이 무엇인데?"

"천하제일 보검이라 불리는 칠성보검입니다. 제가 왕윤에게 빼앗아 온 것입니다. 그걸 얼른 보여 드리고 싶어서 칼을 뽑았습니다."

조조는 눈 하나 깜짝하지 않고 둘러댔어. 동탁은 조조가 내민 칼을 보더니 입이 쩍 벌어졌지.

"오오, 정말 좋은 보검이로구나!"

동탁이 검을 살펴보는 사이, 여포가 말을 끌고 왔어.

"승상, 감사합니다. 한번 타 봐도 되겠습니까?"

조조는 동탁을 죽이려 한 일이 들킬세라 여포가 가져온 말에 얼른 올라탔어.

"벌써 가시오?"

여포가 조조를 잡으려 하자, 당황한 조조는 말의 고삐를 꽉 잡았어. 그

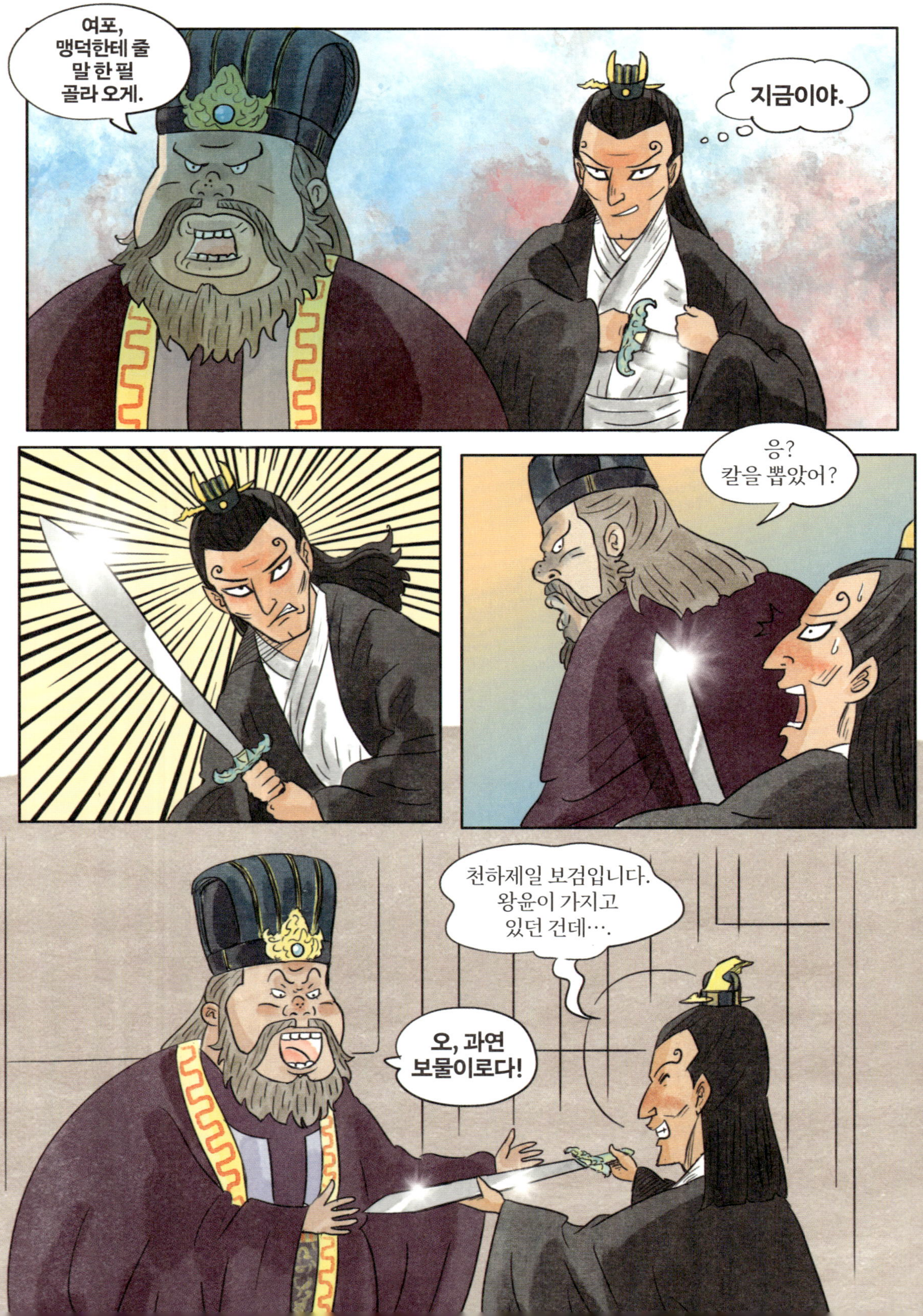

리고 대답도 하지 않고 그대로 내달렸어.

"이랴!"

한편 보검을 살펴보던 동탁은 조조의 행동이 뭔가 이상하다고 생각했지.

'저 녀석, 설마 나를 죽이려던 것인가?'

동탁은 당장 여포에게 조조를 데려오라고 명령했어. 하지만 조조는 이미 말을 타고 멀리 도망친 뒤였지.

"조조가 도망친 것을 보니 날 죽이려던 게 틀림없다! 놈을 붙잡아라! 반드시 잡아서 끌고 오도록 해!"

동탁이 발을 구르며 소리치자, 군사들이 우르르 움직이기 시작했어.

조조는 뒤도 안 돌아보고 미친 듯이 달려 간신히 낙양을 빠져나와 중모현이라는 지방으로 도망쳤어. 중모현은 산세가 깊고 험한 지역이었지. 조조는 깊은 야산으로 숨어들었어.

"수상한 자를 발견하면 무조건 죽여라!"

조조를 찾는 군사들이 야산까지 수색하기 시작했지. 조조는 군사들을 피해 수풀 속에 몸을 숨겼어. 그런데 목덜미어 차가운 기운이 느껴졌어. 누군가 자기 목에 칼을 겨누고 있다는 걸 깨달았지.

"네가 조조로구나."

조조에게 칼을 겨눈 장수는 중모현의 관리 진궁이었어.

진궁은 다른 군사들에게 조조를 붙잡았다고 알리지 않은 채, 한 가지 질문을 하고 싶다고 말했어.

"무엇을 물어보려는 것이냐?"

조조의 말에 진궁이 따지듯 물었어.

"대체 동탁을 죽이려는 이유가 무엇이냐?"

"참새가 어찌 봉황의 깊은 뜻을 알겠는가. 나는 나라를 위해 동탁을 죽이려던 것이다. 동탁은 이 세상에 있어서는 안 될 인물이야."

그 말을 들은 진궁은 조조를 겨누고 있던 칼을 거두었어.

"나를 살려 주려는 것이냐?"

"그렇소. 나는 진궁이라고 하오. 나 역시 동탁을 없애고 싶소."

"흠, 뜻이 같다니 반갑소. 언제까지고 여기 숨어 있을 순 없고, 이 근처에 나의 아버지와 의형제를 맺은 여백사라는 분이 살고 있으니 그리로 가야겠소."

조조는 진궁에게 우선 여백사의 집에 숨어 지내자고 했어. 그렇게 해서 둘은 여백사를 찾아갔지.

"맹덕! 네가 무사하다니 정말 다행이다!"

여백사는 조조에게 맛있는 음식을 대접하겠다며 허둥지둥 밖으로 나갔어. 조조와 진궁은 마음을 놓고 쉬고 있었지. 그때 부엌에서 소곤소곤 말하는 소리가 들려오는 게 아니겠어?

"묶어서 칼로 찌를까?"

"때려서 기절시키자."

그 말을 들은 조조는 차가운 눈빛으로 부엌을 노려봤어.

"아무래도 여백사가 우리를 배신한 것 같소."

조조는 부엌으로 들어가서 하인들과 여백사의 가족을 모조리 칼로 베어 버렸어. 그런데 진궁이 허겁지겁 부엌으로 뛰어왔지.

"이쪽을 좀 보시오!"

진궁이 가리킨 곳엔 돼지 한 마리가 묶여 있었어. 부엌에서 난 소리는 돼지를 어떻게 죽일 것인지 의논하던 것이었지.

"아뿔싸!"

조조는 여백사가 이 사실을 눈치채기 전에 얼른 도망치자고 했어. 그런데 그때 여백사가 술병을 들고 집으로 들어오고 있었어.

"맹덕, 어딜 가려는 것이냐? 내가 너를 위해 귀한 술을 얻어 왔다."

"그, 그게……."

조조는 당황해서 말을 더듬었어.

"급한 일이 생겨서 가 봐야 할 것 같습니다."

"급한 일?"

여백사가 고개를 갸웃거릴 때였어.

조조는 가차 없이 칼로 여백사를 베어 버렸어.

"으악!"

진궁이 놀라서 두 눈을 휘둥그레 뜨면서 조조에게 따졌어.

"아까는 오해로 사람을 죽였지만, 여백사까지 죽일 필요가 없지 않습니까?"

조조는 담담하게 대답했어.

"우리가 여백사를 살려 두면 관아에 가서 신고할 것이오. 그러니 미리 죽이는 수밖에."

조조는 어쩔 수 없는 선택이었다고 말했어.

"하지만 죄가 없는 사람을 죽이는 건 도의에 어긋나는 일입니다!"

"이보시오, 진궁. 내가 천하를 버릴지언정 천하가 나를 버리게 하지는 않을 것이오!"

조조의 잔인함을 알게 된 진궁은 아연실색했어.

그날 밤, 조조와 진궁은 여백사의 집 뒷산에 몰래 숨어서 하룻밤을 묵어 가기로 했어. 밤이 깊어지자, 조조는 코까지 골며 깊은 잠에 빠졌어. 하지만 진궁은 잠을 이룰 수가 없었지. 진궁은 잠든 조조의 모습을 물끄러미 바라보다가 자리에서 일어났어.

'훌륭한 사람인 줄 알았는데, 조조는 잔인하고 흉악한 사람이구나. 목적을 이루기 위해서라면 무슨 짓이든 하는 동탁이랑 다를 바가 없어. 이 참에 죽여 버려야겠어.'

진궁은 칼을 들고 잠든 조조에게 다가갔어.

'아니야. 지금은 난세이니 어지러운 세상을 정리하려면 어쩌면 이런 자가 필요할지도 몰라.'

진궁은 조조를 그냥 두고 길을 떠났어.

진궁이 발걸음을 옮기자, 잠을 자던 조조가 슬며시 눈을 떴어. 사실 조조는 일부러 잠든 척하고 있었던 거야. 진궁이 자신을 죽일지도 모른다고 이미 의심하고 있었기 때문이지. 조조는 멀리 사라지는 진궁의 뒷모습을 노려보며 자리에서 일어났어.

"흠, 떠나겠다는 사람은 굳이 잡지 않는다."

제5장

천하의 영웅호걸이 모이다

조조는 동탁을 피해 계속 도망치고 도망쳐 연주의 진류까지 갔어. 그곳엔 아버지와 가장 친한 친구인 위홍이라는 사람이 살고 있었거든.

조조는 위홍을 찾아갔어. 위홍은 조조가 어떻게 진류까지 도망 왔는지 듣게 되었어.

"동탁을 당장 죽여야 합니다. 그놈이 지금 한나라 황실을 어지럽히고 있어요."

"좋아. 네 뜻이 그렇다면 군사를 일으켜 동탁을 치도록 하여라. 내가 돈이든 군사든 필요한 것은 무엇이든 내주마."

위홍은 조조에게 엄청난 돈을 내주었어. 조조는 그 돈으로 군사를 모집하기 시작했지.

"소문 들었는가? 조조라는 장수가 동탁을 죽이기 위해 군사를 일으킬 거라더군."

"맞아. 천하의 영웅호걸들은 모두 모이라고 방이 붙었다는군!"

> 천하에 고하노라!
> 동탁은 황제를 위협하는 죄인이다!
> 동탁을 처단하지 않으면, 나라가 망할 것이니,
> 의병들이여, 모두 모여
> 동탁의 무리를 처단하도록 하자!
> - 조조

　조조가 군사를 모집 중이라는 말을 들은 사람들이 하나둘 모여들었어. 그들은 모두 동탁의 횡포에 불만을 품고 있던 사람들이었지.

　하후돈과 하후연*이 1천 명의 군사를 이끌고 왔고, 동탁 때문에 발해 지역까지 쫓겨났던 원소도 3만 명이나 되는 군사를 끌고 찾아왔지. 남양으로 도망쳤던 원술**과 장사의 손견***도 군사를 끌고 진군해 왔어. 손견은 강동의 호랑이라는 별명을 가진 유명한 맹장이었어.

　동탁을 처단하기 위해 모이는 정의로운 자리에 빠질 수 없는 세 사람이 있었지. 바로 유비, 관우, 장비 삼 형제였어. 유비와 관우, 장비는 북

★ 조조와 같은 고향에서 온 장수들. 오랫동안 조조의 신임을 받은 장수들이다.
★★ 원소의 사촌 동생. 원소와는 협력하지간 경쟁 관계이기도 하다.
★★★ 《손자병법》을 쓴 손무의 자손. 한나라의 황실을 다시 세우려고 노력한 충신이다.

평의 공손찬*을 따라 진류로 오게 되었어.

공손찬은 유비가 황건적을 무찌를 때 썼던 계책을 매우 높게 평가해 준 인물이었어. 공손찬 덕분에 유비는 북평에 머무를 수 있었지.

"보아라, 전국의 영웅들이 동탁을 치겠다며 모여들었다!"

조조는 구름떼처럼 모여든 군사들을 바라보며 입가에 미소를 지었어. 조조는 동탁에게 가장 큰 원한을 가진 원소를 총대장으로 추대했어.

"역적 동탁 때문에 나라가 망할 지경에 이르렀다! 이대로 두면 '망천지시', 하늘이 망하고 세상이 무너질 것이다! 자, 우리는 낙양성으로 간다!"

"동탁을 무찌르자!"

군사들의 사기는 하늘을 찌를 듯했어. 낙양성 동쪽 벌판에 동탁을 처단하기 위해 연합군이 총집결했는데 그 수가 40만 명이나 되었지.

조조가 군사를 일으켰다는 소식에 여포가 동탁에게 달려갔어.

"소식 들으셨습니까? 조조가 군사를 일으켰다고 합니다!"

"무슨 걱정이냐. 그깟 놈이 이끄는 군사라면 여포 네가 충분히 없앨 수 있을 텐데."

동탁은 무척 태연했어. 조조와 함께 힘을 합친 군사들을 조무래기라고 생각했던 거야. 여포는 공을 세울 좋은 기회라 생각했어.

이때 손견의 군사들이 낙양의 사수관으로 쳐들어온다는 소식이 전해

★ 북평 태수. 유비가 열다섯 살 때 노식 밑에서 공부할 때 함께 공부했던 동문. 유비보다 나이가 많아 유비가 형으로 모셨다. 예의 바르고 인품이 훌륭하다.

졌어. 사수관은 낙양으로 들어오는 중요한 관문이야.

"자, 누가 먼저 나서서 손견의 코를 납작하게 만들어 주겠느냐?"

동탁의 말에 화웅이라는 장수가 앞으로 나섰어.

"여포 장군님은 가만 계셔도 됩니다. '우도할계'라 했습니다. 닭 잡을 때 소 잡는 칼을 쓰겠습니까? 손견 따위는 닭에 불과하니 제가 하겠습니다! 그놈들에게 본때를 보여 주고 오겠습니다."

"좋다. 그렇다면 화웅, 그대에게 군사 5만을 줄 테니 손견과 조조 일당을 모조리 무찌르고 오거라."

화웅은 그길로 군사들을 이끌고 낙양성 밖으로 향했어. 화웅의 군사들은 손견이 이끄는 군사와 맞닥뜨리게 되었지. 손견은 자신만만하게 화웅에게 맞섰어.

"모두 싸우는 척만 하고 뒤로 도망쳐라!"

화웅은 군사들에게 열심히 싸우지 말라고 명령했어.

사실 화웅은 손견과 정정당당하게 결투할 생각이 없었어. 그의 속셈은 따로 있었거든.

"저놈들, 우리를 보고 겁을 먹었나 봅니다!"

손견의 부하 장수가 신이 나서 소리쳤어. 손견은 화웅의 군사들을 충분히 겁주었으니 다음 날 다시 전투해도 괜찮겠다고 생각했지.

"오늘 밤은 군사들을 편안히 쉴 수 있도록 해 주어라. 먼 길을 왔으니 힘들 것이다."

총대장 원소는 크게 기뻐하며 손견을 칭찬했어. 동탁을 처단하기 위해 힘을 합친 연합군은 사기가 드높아졌지. 그런데 원소의 사촌 동생 원술은 생각이 좀 달랐어. 손견이 동탁을 처단하면 원소와 자신이 공을 세울 기회를 놓쳐 권력을 잡지 못할 거란 생각을 한 거야.

"죽 쒀서 개 줄 수야 있나?"

원술은 손견에게 보내야 할 식량을 보내지 않았어. 그 때문에 손견의 군사는 주린 배를 움켜쥔 채 잠을 청해야 했지.

그날 밤, 화웅은 군사들을 이끌고 기습 공격을 개시했어. 배고픔에 겨우 잠들었던 손견의 군사들은 당황할 수밖에 없었지.

"적이 공격한다!"

"모두 일어나 공격 태세를 갖추어라!"

하지만 물밀듯 밀려오는 화웅의 군사들을 막기엔 늦었어. 화웅은 손견의 군사가 머무는 진지에 불화살을 쏘아 모두 불태워 버렸어. 결국 손견은 수천 명의 군사를 잃고 겨우 살아남았지.

"아아, 내가 화웅 따위에게 이렇게 당하다니!"

손견은 분을 참지 못해 눈물을 흘렸어.

이 소식을 전해 들은 총대장 원소는 다른 장수들에게 화웅의 목을 베어 오라고 명령했지. 그러나 장수들은 미적거렸어. 화웅이 강동의 호랑이 손견을 보기 좋게 물리쳤잖아. 그런 자에게 함부로 덤볐다간 더 큰 낭패를 볼 것이 뻔하다고 생각했던 거야.

"우리 중에 화웅의 목을 벨 수 있는 인재가 없단 말인가!"

원소가 한탄하자, 공손찬 뒤에 조용히 서 있던 키 큰 장수가 앞으로 나섰어. 수염이 가슴까지 내려오고, 대추같이 붉은 얼굴을 한 장수, 바로 관우였어.

"제가 하겠습니다."

"그대는 누구인가?"

원소는 처음 보는 장수의 모습에 미심쩍은 표정을 지었어. 그러자 그 옆에 서 있던 유비가 대답했어.

"이 사람은 제 동생 관우이고, 저는 유비라고 합니다."

"관우? 유비? 오오! 황건적을 토벌하는 데 큰 공을 세웠다던 장수들이구려!"

원소는 관우에게 벼슬이 무엇이냐고 물었어.

"저는 지금 마궁수로 일하고 있습니다."

"마, 마궁수?"

마궁수는 활을 쏘는 말단 병사야. 원소의 표정이 썩은 사과를 베어 문 것처럼 일그러졌어.

원소는 화를 내며 이렇게 소리쳤어.

"이놈, 이 자리가 어떤 자리인 줄 알고 나서느냐! 너희 같은 조무래기들이 나설 자리가 아니니 썩 물러가거라!"

그때 옆에 있던 조조가 원소를 말렸지.

"잠깐, 유비와 관우가 저렇게 당당하게 나서는 데는 이유가 있을 것입니다. 저들의 실력이 얼마나 대단한지 한번 보는 것도 나쁘지는 않을 것 같습니다."

조조의 말에 공손찬도 거들었어.

"옳은 말씀입니다. 일단 한번 맡겨 보시죠."

"그래도 그렇지. 어찌 마궁수 따위를 보낼 수 있단 말이오? 저쪽의 대장 화웅을 치려는 것인데!"

원소의 말에 관우가 나섰어.

"만약 제가 화웅의 목을 베지 못한다면 저를 죽여도 좋습니다."

원소의 표정이 일그러졌지.

"장수는 자신이 뱉은 말에 책임을 져야 한다. 네가 만약 화웅과 제대로 싸워 보지도 못하고 도망친다면 내가 직접 너의 목을 벨 것이야!"

원소가 호통을 쳤어. 그러자 관우가 태연한 얼굴로 따뜻하게 데운 술 한 잔을 내미는 게 아니겠어?

"이 술이 식기 전에 화웅의 목을 베어 돌아오겠습니다."

원소는 별 미친 녀석을 다 보겠다는 표정이었어. 관우는 청룡언월도를 움켜쥐더니 말을 타고 쏜살같이 적진을 향해 달려갔어.

화웅은 관우 혼자 말을 타고 오는 것을 보고 코웃음을 쳤지.

"뭐야, 이번엔 한 명이 온 것이냐?"

"화웅은 나와서 내 칼을 받아라!"

관우가 우렁차게 고함을 내질렀어.

"이놈, 감히 누구의 이름을 함부로 부르는 것이냐!"

화웅은 관우를 향해 칼을 빼 들었어.

챙, 챙, 챙!

관우의 청룡언월도와 화웅의 칼이 불꽃을 튀기며 서너 번 부딪혔지. 하지만 그게 끝이었어.

"이얍!"

관우의 청룡언월도가 공중을 가르는가 싶더니, 화웅의 목이 잘려 떨어졌어.

"우아, 관우가 이겼다!"

"화웅이 죽었다!"

관우는 의기양양하게 진영으로 돌아와 원소에게 손을 내밀었어. 관우의 말대로 원소에게 맡겨 둔 술잔은 아직 식지 않은 상태였어.

"맡겨 놓은 술, 마셔도 되겠습니까?"

관우는 원소의 손에 있는 술잔을 빼앗다시피 받아서 단숨에 마셔 버렸어. 원소는 정신이 나간 것 같은 표정이었지.

한편 화웅이 죽었다는 소식을 들은 동탁은 겁을 먹었어. 그래서 이각과 곽사를 불러 5만 군사를 내주며 사수관을 지키도록 했어. 또 여포에게는 3만 명의 군사를 주며 낙양성 입구를 지키라고 명령했지.

조조의 군사들은 어떻게든 낙양성 안으로 들어가려고 공격했지만, 쉽지 않았어. 여포가 나타나 칼을 휘두를 때마다 시체가 수북하게 쌓여 갔거든.

조조의 군사 중에서 가장 뛰어난 장수 열 명이 한꺼번에 여포와 맞서기도 했지만, 결과는 여포의 완벽한 승리였지.

"뭐라고? 장수 열 명이 한꺼번에 덤벼도 여포를 이기지 못한다고?"

"여포는 우리가 당할 수 있는 장수가 아닌 듯합니다."

장수들은 모조리 여포에게 겁을 먹고 말았어. 장수들은 여포가 바람보다 빠른 적토마를 타고 나타날 때마다 겁에 질려 뒷걸음치거나 사방으로 도망치기 바빴지.

"여포는 내 칼을 받아라! 나는 북평 태수 공손찬이다!"

공손찬이 호기롭게 나섰으나 역시 여포의 상대가 되지 못했어. 거의 죽을 지경이 된 채 뒷걸음질을 쳤지.

"공손찬, 어딜 도망가느냐?"

여포가 창을 휘두르며 공손찬을 공격하려 할 때, 덩치가 소만 한 장수가 공손찬을 구하려고 막아섰어. 장팔사모를 휘두르는 장비였지.

"넌 또 누구냐?"

"네까짓 놈은 감히 내 이름조차 들어 본 적이 없을 것이다."

"네가 그렇게 대단한 놈이라고?"

"덤벼라, 여포!"

챙, 챙챙챙!

장비와 여포는 치열한 싸움을 벌였어. 장비의 창 장팔사모와 여포의 창 방천극이 불꽃을 튀기며 부딪혔지.

"으음, 실력이 보통은 아니로구나!"

여포는 장비가 보통 실력을 지닌 장수가 아니라는 걸 깨달았어. 그러

면서 어떻게든 이 싸움을 빨리 끝내야겠다고 생각했지.

그때 관우가 나서며 소리쳤어.

"장비야, 내가 가마!"

말을 몰고 달려오는 관우의 모습을 본 여포는 화웅을 쓰러트린 장수라는 걸 알 수 있었어. 여포는 지금 장비를 상대하기도 벅찬 상황인데, 관우까지 싸움에 힘을 보탠다면 버틸 수 없을 것 같았어.

"모두 후퇴한다!"

여포는 말머리를 돌려 도망치기 시작했어.

"우아, 우리가 이겼다!"

"천하제일의 장수라는 여포도 별것 아니구나!"

장비와 관우 덕분에 바닥에 떨어졌던 연합군의 사기는 다시 하늘을 찌를 듯 높아졌어.

"말단 병사인 관우와 장비가 여포를 내쫓았어! 그럼 우리도 얼마든지 여포를 상대할 수 있겠지?"

"암, 그렇고말고!"

"여포를 잡기만 하면 큰 상을 받을 거야."

"여포보다 동탁을 먼저 잡아야 해."

이렇게 여포가 도망치면서 연합군은 큰 승리를 거두었어.

여포가 패했다는 소식을 전해 들은 동탁은 겁에 질려 바들바들 떨었어.

"당장 도읍을 장안으로 옮기겠다!"

"도읍을 옮긴다고요?"

"그건 황제의 명령이 있어야 하는 것인데……!"

신하들이 우물쭈물하자, 동탁은 마구 칼을 휘둘렀어.

"내 명령이 곧 황제의 명령이다! 모두 장안으로 옮길 준비를 하라!"

동탁은 반대하는 신하들을 닥치는 대로 죽여 버렸어.

"도읍을 옮기려면 돈이 필요하겠지? 군사들을 풀어 낙양성의 부잣집을 모조리 털도록 해라!"

동탁은 백성들이 가진 재산을 날강도처럼 강제로 빼앗았어. 그렇게 금은보화와 비단을 가득 실은 수레를 끌고 20만 대군을 거느리며 장안으로 부랴부랴 길을 떠났지.

"이, 이럴 게 아니라 낙양성을 불태우는 게 좋겠어!"

동탁은 적이 낙양성으로 쳐들어와도 아무것도 가져가지 못하게 만들 생각이었던 거야.

"불이다! 불!"

동탁의 명령으로 낙양성 곳곳은 불바다로 변해 훨훨 타기 시작했어.

"동탁, 이 끔찍한 놈! 낙양성을 이렇게 만들다니!"

연합군이 낙양성 안으로 들어왔을 때는 이미 잿더미만 가득했어. 한나라의 수도였던 낙양은 그렇게 동탁에 의해 파괴되고 만 거야.

조조는 당장 동탁을 쫓아가야 한다고 주장했어. 그런데 원소를 비롯한 다른 장수들은 군사들이 너무 지쳐 있다면서 반대했어.

손견은 낙양성에 남아서 남은 동탁의 잔당을 없애기로 했지. 손견이 불에 타 버린 궁궐을 살펴보고 있을 때였어.

"엇, 저것은 무엇이지?"

손견은 우물 안에서 번쩍번쩍 빛을 내는 것을 발견했어. 부하들을 시켜서 당장 우물 속에 있는 것을 꺼내 보라고 했지.

"태수님, 이런 황금 상자가 들어 있었습니다."

"엇, 이건!"

상자에는 황금으로 된 다섯 마리의 용이 새겨져 있었어. 상자를 열자 그 속에서 옥으로 된 도장 하나가 나왔어.

'이건 황제의 옥새야!'

손견은 곰곰이 생각에 빠졌어.

'옥새가 없는 황제는 허수아비나 다름없다. 동탁이 제아무리 황제의 명령이라고 우겨도 옥새가 없으면 아무 힘도 가질 수 없어.'

손견은 옥새를 자신의 품속에 감추고 원소를 찾아갔어.

"낙양성은 정리가 되어 가고 있소?"

원소가 묻자, 손견은 고개를 가로저었어.

"나는 얼마 전 여포와의 싸움에서 크게 다친 것 같소. 이만 고향인 강동으로 돌아가는 게 좋을 듯하오."

"손 태수!"

"미안하오. 먼저 돌아가겠소."

손견은 옥새가 자기 손에 들어온 이상, 이 나라의 황제가 될 자격을 얻은 것이라 생각했어. 모든 싸움이 끝나면 그때 나타나서 자신이 황제가 되어 천하를 통치할 생각이었던 거야.

제6장

조운,
등장하다!

 손견이 강동으로 돌아가는 사이, 조조의 군사는 동탁을 쫓아 장안으로 향했어. 유비, 관우, 장비도 동탁을 쫓으려고 했지만, 총대장인 원소가 허락하지 않았어.
 다가닥, 다가닥, 다가닥!
 조조의 군사가 빠르게 골짜기 사이로 들어섰을 때야. 숨어 있던 여포의 군사들이 나타나 가로막았어.
 "이놈, 여포야, 비켜라!"
 "흥, 조조 네놈이 나를 막을 수 있을 것 같으냐!"
 조조는 있는 힘껏 여포에게 맞섰어. 그러나 조조의 실력으로는 여포를 이길 수 없었지. 조조의 군사는 계속 여포에게 밀렸어. 조조는 어쩔 수 없이 갑옷까지 다 벗어던진 채 도망쳐야 했어. 여포의 군사들이 조조를 에워싸고 막 죽이려고 할 때, 누군가가 나타났어. 바로 하후돈이었지.

하후돈 덕분에 간신히 목숨을 구한 조조는 원소가 이끄는 연합군으로 돌아가지 않았어. 누구에게 의지하지 않고 자신의 힘만으로 세상을 개척해 나가겠다고 결심했던 거야.

조조가 크게 패해서 도망쳤다는 소식을 들은 연합군의 장수들은 흔들리기 시작했어.

"손견이 강동으로 돌아갔다는데, 우리도 슬슬 돌아가야 하는 거 아닌지 모르겠소."

"이미 갖고 온 식량도 바닥을 드러내고 있소. 이대로는 여포와 동탁의 군사에 맞서 싸울 수 없을 것이오."

사실 장수들은 무엇보다 원소의 행동에 대한 불만이 컸어. 원소는 자신이 총대장이라며 장수들에게 멋대로 명령을 내리고, 다른 장수들의 말은 들으려고 하지 않았던 거야.

"나도 이제 돌아가려 하오. 원소와는 더 이상 함께하고 싶지 않소."

공손찬이 유비에게 말했어.

"뜻대로 하십시오."

"현덕, 자네만 좋다면 나와 함께 북평으로 돌아가세."

"아닙니다. 우리도 우리만의 길을 찾아 떠나겠습니다."

유비도 관우와 장비를 무시하는 원소에게 힘을 보태고 싶지 않았지.

이렇게 해서 공손찬과 유비마저 원소의 곁을 떠나게 되었어. 남은 장수들도 하나둘 고향으로 돌아가겠다며 발길을 돌렸지.

장수들이 모두 떠나고 혼자가 된 원소는 골치를 앓게 되었어. 식량이 거의 떨어져서 군사들이 반란을 일으킬 지경이었던 거야.

"어허, 이대로라면 군사들이 더는 싸우지 못하겠다며 무기를 집어던지고 도망가려 할 텐데 어쩐담!"

"총장군, 기주가 답이 될 수 있습니다. 기주는 매우 비옥한 땅이라 식량이 풍부합니다. 그곳으로 가서 쌀을 나눠 달라고 하면 어떨까요?"

원소의 오른팔인 봉기가 말했어.

"기주를 다스리는 자사는 한복이라는 자인데, 그가 우리에게 도움을 주겠소?"

"당연히 그냥은 주려 하지 않겠지요. 하지만 조금만 계책을 쓰면 우리를 도와주고 싶어 안달이 날 것입니다."

"계책?"

원소가 솔깃해서 물었어.

"기주 자사인 한복에게 북평 태수 공손찬이 지금 기주를 공격할 준비를 하고 있다고 거짓 정보를 흘리는 것입니다."

"아니, 어째서?"

"그런 다음 우리가 보호해 줄 터이니 우리에게 식량을 달라고 얘기하는 거죠."

"공손찬은 신중한 사람이오. 섣불리 공격할 사람이 아닌데, 과연 한복

이 우리의 말을 믿어 줄까?"

"믿게 만들어야지요."

봉기는 기주 사람들에게 거짓 소문을 퍼트렸어. 그리고 원소는 공손찬에게는 가짜 편지를 보냈지.

> 공손 태수, 때마침 기주 자사 한복이
> 우리에게 식량을 나눠 주겠다고 약속했소.
> 우리뿐만 아니라 북평도 식량이 떨어져 가고 있을 것이니
> 기주로 가서 식량을 챙기도록 하시오.
> - 원소

편지를 받은 공손찬은 크게 기뻐했어. 때마침 식량이 떨어져 가고 있던 차에 이런 편지를 받으니 반가웠던 거야. 공손찬은 얼른 동생인 공손월과 군사들을 기주로 보냈어.

"뭐, 뭐라? 진짜 공손찬이 군사를 끌고 쳐들어오고 있다고?"

"예. 지금 공손찬의 동생 공손월이 이곳으로 향하고 있다고 합니다."

"이 일을 어쩌면 좋으냐? 당장 원소에게 연락해 우리를 보호해 달라고 부탁하자!"

공손찬이 기주를 차지하려 한다는 가짜 소문에 바짝 긴장하고 있던 한복은 원소에게 도움을 청했어.

"공손찬이 우리 기주를 공격하려고 합니다. 제발 그의 군사들을 막아 주시오!"

그렇게 원소는 피 한 방울 흘리지 않고 기주성으로 들어가게 되었어. 이 사실을 꿈에도 모르는 공손월은 기주성에 식량을 받으러 갔지.

"성문을 열어 주시오. 쌀을 받으러 왔습니다!"

그 순간, 성문이 열리는가 싶더니 원소의 군사들이 달려 나와 공손월과 군사들을 공격했어. 공손월은 영문도 모른 채 그 자리에서 목이 베이고 말았어.

뒤늦게 이 모든 것이 원소의 계략임을 알게 된 공손찬은 눈물을 흘리며 소리쳤어.

"원소 이놈, 내가 반드시 너를 죽이겠다!"

"모든 병사는 들으라. 지금 당장 기주로 향한다!"

공손찬은 동생의 복수를 하기 위해 군사들을 이끌고 기주성으로 향했어. 하지만 성문 앞에는 이미 원소의 부하들이 기다리고 있었지. 원소의 부하 중 가장 뛰어난 장수인 문추*가 공손찬을 공격했어.

문추의 기세가 얼마나 사나웠는지 공손찬의 실력으로는 상대가 되지 않았지. 당황한 공손찬은 말머리를 돌려 도망치기 시작했어. 한참을 달려가는데 갑자기 가파른 절벽이 나타났어.

★ 원소의 부하 장수로 매우 용감무쌍하고 싸움을 잘한다. 그래서 안량이라는 장수와 함께 '안량 문추'라고 불렸다. 훗날 관우와 목숨을 걸고 싸우게 된다.

이것 또한 문추가 계획한 것이었지. 기주의 지리를 잘 알지 못하는 공손찬을 일부러 절벽 쪽으로 몰아 죽이려 했던 거야.

"아아, 이대로 나 역시 죽는 것인가!"

공손찬이 절망에 찬 표정으로 하늘을 우러러봤어.

"공손찬! 너는 끝이다! 내 창을 받아랏!"

그때 누군가 나타나 문추를 막아섰어.

"문추, 너는 내가 끝내 주마."

쉬익, 쉭, 쉭, 쉬익!

젊은 장수의 칼이 얼마나 매섭고 빠른지 문추는 당해 내지 못했어.

"으윽, 안 되겠구나."

문추는 잽싸게 도망치고 말았지. 젊은 장수가 어찌나 날쌔고 빨랐는지 눈 깜짝할 사이에 문추의 군사들이 낙엽처럼 바닥을 뒹굴었어. 엄청난 무예 실력에 공손찬마저 입을 다물지 못했지.

"고, 고맙소! 그런데 어째서 나를 도운 것이오? 그대는 누구요?"

공손찬이 묻자, 장수가 대답했어.

"저는 조운*이라고 합니다. 원소 밑에 있었지만, 그가 큰 인물이 아니라는 생각에 모든 걸 버리고 고향으로 돌아가는 길이었습니다."

"원소를 버린 건 잘한 일이오. 그대와 같은 장수가 나와 함께한다면 참

★ 자는 자룡. 고향이 상산이라 '상산의 조자룡'이라고도 불린다. 처음에는 공손찬의 부하 장수였지만, 훗날 유비에게 가서 오랫동안 유비를 돕는다.

으로 좋겠소!"

공손찬은 조운에게 자기와 함께 싸워 달라고 부탁했어. 딱히 갈 곳이 없었던 조운은 공손찬의 부탁을 받아들이기로 했어. 그렇게 조운은 공손찬과 함께 싸우게 되었지.

"허어, 기주성을 차지한 원소의 군사를 상대하는 건 참으로 쉬운 일이 아닌 것 같소."

공손찬은 원소의 군사와 계속 싸웠지만 번번이 패하고 말았어. 군사들의 사기는 땅에 떨어지고 말았지.

그때 공손찬에게 아주 든든한 지원군이 나타났어. 바로 유비, 관우, 장비였어.

"현덕 아우! 정말 고맙네!"

"무슨 말씀입니까? 태수께서 어려움에 부닥쳤는데 당연히 도와야죠!"

조운은 그런 유비를 보고 눈을 반짝거렸어.

'저렇게 맑은 눈을 가진 사람이 있다니! 내 마음까지 차분해지는 기분이 들어.'

조운은 원소가 화웅의 목을 베라고 명령할 때 그 자리에 있었어. 그때 원소가 관우를 보고 벼슬이 낮다며 무시하는 것에 크게 실망했었지.

'아, 나도 유비 같은 장수를 주군으로 모시고 싶다.'

조운은 벼슬이나 신분보다는 사람의 됨됨이를 먼저 챙기는 유비에게 마음이 끌렸어. 유비 역시 조운이 마음에 들었지.

"유 공, 저도 곁에서 유 공을 모시고 싶습니다."

조운이 먼저 유비에게 말했어. 유비는 그 말에 정말 크게 기뻤지만 공손찬에게서 조운을 뺏을 수는 없다고 생각했어. 공손찬이 조운을 크게 믿고 의지한다는 것을 알고 있었기 때문이지.

"조 장군, 아직은 때가 아닙니다. 지금은 공손 태수의 곁을 지켜 주십시오. 내가 좀 더 힘을 키우면 그때 조 장군을 모셔 오겠습니다."

유비는 자신을 믿고 따르겠다는 조운에게 진심으로 고마워했어. 그렇게 두 사람은 훗날 함께하기로 약속했지.

문해력 쏙쏙
역사 지식

한나라는 어떤 나라일까?

원래 중국 대륙은 수많은 나라로 나뉘어 있었어요. 그래서 지역마다 말이 다르고, 글이 다르고, 단위도 달랐지요. 그런 중국 대륙을 최초로 통일한 나라가 진나라이고, 그 뒤를 이은 것이 한나라(漢)예요.

한나라는 중국 대륙을 통일한 왕조들 가운데 가장 오랜 역사를 가졌어요. 진나라가 통일한 지 15년 만에 멸망한 뒤, 전한(기원전 202년~8년)과 이를 이은 후한(25년~220년)이 400여 년 동안 중국 대륙을 통치했거든요. 한나라 이후에 세워진 왕조들은 한나라만큼 지속하지는 못했어요. 중국 글자를 '한자(漢字)'라고 부르고, 중국 대표 민족을 '한족(漢族)'이라고 부르는 이유도 바로 한나라에 뿌리를 두고 있기 때문이에요. 그만큼 한나라는 역사적으로 중국을 대표하는 나라지요.

인류 최고의 발명품 중 하나인 종이를 만들고, 중국에서 유럽의 로마까지 가는 비단길(실크로드)이 만들어진 것도 한나라 때예요.

한나라가 멸망한 이유는 무엇일까?

후한의 세 번째 황제가 죽은 뒤부터 그 뒤를 잇는 황제들은 이상하게 오래 살지 못했어요. 그래서 매번 아주 어린 나이의 황제가 황위에 올랐지요. 태어난 지 100일밖에 안 된 아기가 황제가 된 적도 있어요.

나이 어린 황제는 제대로 나라를 다스리지 못했고, 황제 가장 가까이에 있는 환관과 외척들이 나라를 다스리겠다고 나서기 시작했어요. 환관과 외척들은 나라를 위하기는커녕 자신의 욕심을 채우기에 급급해서 백성에게 엄청나게 많은 세금을 매겨 빼앗아 가고, 뇌물을 바친 자에게 관직을 파는 등 온갖 나쁜 짓은 다 했어요. 이런 일이 자꾸 반복되자 백성은 너무 살기 어려워서 곳곳에서 난을 일으켰지요.

장각은 동생 장량, 장보과 함께 나쁜 관리와 환관, 외척들을 몰아내고 새로운 세상을 만들겠다고 농민들을 이용해서 난을 일으켰는데, 이것이 바로 '황건적의 난'이에요. 땅을 빼앗기고, 집을 빼앗긴 억울한 농민들은 황건적에 들어갔고, 황건적은 30만 명에 이를 정도로 엄청난 규모가 되었어요. 하지만 황건적은 환관과 외척을 몰아내기는커녕 오히려 도적 떼로 변해 나라 곳곳을 휩쓸고 다녔고, 한나라는 점점 멸망의 길을 걷게 되었지요.

문해력 쏙쏙
사자성어

도원결의(桃園結義)

복숭아밭에서 유비, 관우, 장비가 의형제를 맺고, 황건적을 토벌하기로 나선 것을 뜻하는 말. 같은 뜻을 가진 사람들과 의지를 다지거나 깊은 우정을 표현할 때 쓴다.

> **예문** 친구들아, 우리가 형제는 아니지만, 형제보다 더 친한 사이니까 '도원결의'를 맺자.

망천지시(亡天之時)

'하늘이 망하려는 때'라는 뜻. 동탁에 맞서 연합군이 모여서 원소를 총대장으로 추대했을 때, 원소가 동탁 때문에 나라가 망하는 지경에 이르렀다면서 이 말을 사용했다. 세상이 어지럽고 나라가 위태로움을 걱정할 때 쓴다.

> **예문** 세상에 나쁜 놈들이 너무 많아. 이대로 두면 '망천지시'가 되고 말 거야.

우도할계(牛刀割鷄)

  소 잡는 칼로 닭을 잡는다는 뜻. 손견이 동탁을 처단하기 위해 쳐들어 왔을 때, 동탁이 사수관을 지킬 장수로 여포를 보내려 하자, 화웅이 나서며 한 말. 여포를 소 잡는 칼, 손견을 닭에 비유하며, 자기가 손견을 잡겠다고 말했다. 작은 일에 어울리지 않게 큰 도구나 방법을 쓸 때 쓰는 말이다.

> **예문** 겨우 책상을 치우는 데 청소기까지 동원하는 건 '우도할계'야.

문해력 쏙쏙
레벨업 문해력

※ 다음 글을 읽고 질문에 답해 보세요.

진궁과 조조의 하룻밤

그날 밤, 조조와 진궁은 여백사의 집 뒷산에 몰래 숨어서 하룻밤을 묵어 가기로 했어. 밤이 깊어지자, 조조는 코까지 골며 깊은 잠에 빠졌어. 하지만 진궁은 잠을 이룰 수가 없었지. 진궁은 잠든 조조의 모습을 물끄러미 바라보다가 자리에서 일어났어.

'훌륭한 사람인 줄 알았는데, 조조는 잔인하고 흉악한 사람이구나. 목적을 이루기 위해서라면 무슨 짓이든 하는 ㉠_____(이)랑 다를 바가 없어. 이참에 죽여 버려야겠어.'

진궁은 칼을 들고 잠든 조조에게 다가갔어.

'아니야. 지금은 난세이니 어지러운 세상을 정리하려면 어쩌면 이런 자가 필요할지도 몰라.'

진궁은 조조를 그냥 두고 길을 떠났어.

진궁이 발걸음을 옮기자, 잠을 자던 조조가 슬며시 눈을 떴어. 사실 조조는 일부러 잠든 척하고 있었던 거야. 진궁이 자신을 죽일지도 모른다고 이미 의심하고 있었기 때문이지. 조조는 멀리 사라지는 진궁의 뒷모습을 노려보며 자리에서 일어났어.

"흠, 떠나겠다는 사람은 굳이 잡지 않는다."

1. 다음 중 진궁이 조조를 죽이지 않은 이유를 알맞게 짐작한 사람은 누구일까요? ( )

   ① 관우 : 진궁은 조조를 죽여 봐야 아무 소용이 없을 거라 생각했소.
   ② 장비 : 어지러운 천하를 정리하려면 목적을 이루기 위해 무슨 짓이든 하는 자가 필요해서 안 죽였소.

2. 진궁은 조조에게 큰 실망을 했어요. ㉠ 안에 들어갈 인물은 누구일까요? ( )

   ① 관우
   ② 유비
   ③ 동탁
   ④ 황제

3. 조조가 일부러 잠든 척을 한 행동을 보고 조조의 성격을 짐작해 보세요. ( )

   ① 불안해서 불면증이 있다.
   ② 의심이 많은 성격이다.
   ③ 부지런해서 잠이 적다.
   ④ 한번 사람을 믿으면 끝까지 믿는다.

4. 이 글의 내용으로 알 수 있는 사실을 모두 고르세요. (   )

① 진궁은 조조의 됨됨이를 알게 되었다.
② 조조는 깊은 잠이 들어 깨지 못했다.
③ 진궁은 조조를 죽이려다가 그만두었다.
④ 조조는 진궁을 믿지 않고 자는 척했다.

5. 이 글의 중심 생각으로 알맞은 것은 무엇일까요? (   )

① 조조는 진궁을 잡아서 자신의 편으로 만들고 싶었다.
② 진궁은 조조를 믿었고, 조조와 함께 난세를 정리하고 싶었다.
③ 진궁은 조조가 난세에 필요한 사람일 거라 생각했다.
④ 조조가 진궁을 잡지 않은 것은 진궁을 위해서였다.

6. 진궁은 나중에 조조를 적으로 다시 만나게 됩니다. 이때 진궁이 어떤 생각을 했을지 예상해서 써 보세요.

―――――――――――――――――――
―――――――――――――――――――

정답 1.② 2.③ 3.② 4.①③④ 5.③ 6.이 글을 읽었으면 그때 알았을걸.

⌘ 삼국지 배경 지도 ⌘

양주(涼州)
황하
유주
북평
기주
발해
병주
북해
청주
옹주
장안
사례
연주
낙양
진류
하비
허도
한중
예주
서주
신야
번성
양양
합비
건업
백제성
성도
강릉
강하
익주
적벽
장사
무릉
양주(揚州)
영릉
장강
형주
계양
교주